Maquiavelo aplicado a los negocios

El arte de ganar dinero… como supremo bien

Carlos Alberto Ríos

Maquiavelo aplicado a los negocios
es editado por
EDICIONES LEA S.A.
Charcas 5066 C1425BOD
Ciudad de Buenos Aires, Argentina.
E-mail: info@edicioneslea.com
Web: www.edicioneslea.com

ISBN 978-987-634-057-1

Primera edición, 4000 ejemplares.
Impreso en Argentina.
Esta edición se terminó de imprimir en
Julio de 2008 en Primera Clase Impresores.

Ríos, Carlos Alberto
    Maquiavelo aplicado a los negocios - 1a ed. - Buenos Aires :
Ediciones Lea, 2008.
    128 p. ; 22x14 cm. (Emprendedores; 5)

    ISBN 978-987-634-057-1

    1. Estrategias Empresariales. I. Título
    CDD 658

Maquiavelo aplicado a los negocios

**El arte de ganar dinero…
como supremo bien**

Carlos Alberto Ríos   1   2   3   4   5   ▶

EDICIONES
Lea

Este libro, el único que he escrito en mi vida, está dedicado a un par de sujetos que conocí en el mundo corporativo. Algunos de ellos me beneficiaron y otros no, pero siempre aprendí tanto de lo unos como de lo otros. Los nombres de estos sujetos, algunos ya retirados de los negocios y otros en actividad, por razones de fuerza mayor deben permanecer reservados. Todos ellos, aún sin saberlo por falta de educación o de humildad, tenían un rasgo en común: eran maquiavélicos. A estos hombres de negocios, crueles y ambiciosos, está dedicado este libro.

El autor

A los hombres se les debe gobernar con guantes de acero, pero dentro de guantes de terciopelo.

Napoleón Bonaparte

Acerca de Maquiavelo, el maquiavelismo y el arte de ganar dinero como supremo bien

Este no es un libro para almas bellas, corazones bondadosos o gente altruista. Tampoco es un libro escrito para convencer a la gente de lo maravilloso que es el mundo de los negocios. Pero si a usted le interesa ganar dinero, y no se hace ilusión respecto del mundo en que vive, ha comprado el libro indicado. El autor (es decir, yo) se ha enmascarado en un seudónimo por diversas razones y ninguna parece demasiado confesable. Ninguno de mis amigos, algunos de ellos muy exitosos y otros menos, jamás me perdonarían revelar los secretos máximos del selecto grupo de ganadores de la sociedad de consumo. Pero no lo hago solamente por dinero, aunque no conozco una razón más poderosa. Lo hago para ilustrar a los simples de lo que se pierden. Y, además, por venganza.

¿Entiende usted que este no es un libro de *management* para ejecutivos ni para jolgorio del CEO? Estas páginas que usted tiene entre sus manos versan acerca de Nicolás Maquiavelo, el más grande y cruel filósofo del poder aplicado al arte de los negocios. Prepárese para conocer las gélidas alturas de aquellos que no han dudado un segundo en el momento de actuar en beneficio propio, y sólo en beneficio propio. ¿Cree usted que dirigir una empresa es cualquier cosa? ¿Cree usted que amasar una fortuna, aunque sea pequeña, no exige un refinado saber que no encontrará en esos libritos que leen los ejecutivos de tercera o cuarta categoría? Este es un libro para gente inteligente, ambiciosa y de pocos principios (hace falta nada más que uno: el amor al dinero) que no le tengan miedo al ejercicio del poder.

En la vida hay sólo dos maneras posibles de proceder en general: hacerlo al modo establecido —es decir, como lo hace cualquiera de los millones de mediocres que polucionan el planeta— o hacerlo maquiavélicamente. A la mayoría de la gente le repugnan las ideas de Maquiavelo, pero ya eso es un punto a favor de Maquiavelo. Aquellos que usted observa, día tras día, semana tras semana, año tras año, viajando en tren o en su auto comprado en cuotas, adormilados a la mañana y fatigados al crepúsculo, cumpliendo con los horarios de sus trabajos, sin otro propósito en la vida que cobrar su sueldo mensual y cumplir con sus obligaciones familiares, esos son los que se sienten buenas personas que jamás procederían como enseña el glorioso Maquiavelo. Para toda esa multitud masificada, el poder y la codicia de dinero son cosas malas, perniciosas y diabólicas que hay que desterrar del mundo.

¿Usted es como ellos? Si lo es y pretende seguir hasta morir en el mismo camino de mediocridad, cierre ya mismo este libro y solicite un reembolso al editor: usted no está hecho de la fibra que se necesita para iniciarse en el arte maquiavélico de los negocios. ¿Usted es como ellos, pero no quiere serlo? Eso está un poco mejor, pero no representa gran cosa, aunque no deja de ser un punto de partida. ¿Usted no es como ellos porque odia esa vida anodina de la que sólo se puede liberar con enormes cantidades de dinero? Siendo así, usted está en situación óptima de acceder a las grandes verdades maquiavélicas aplicadas a un solo objetivo, una sola meta, un solo deseo: ganar dinero.

Sin embargo, hasta para amasar una pequeña fortuna, con su pequeño yate y su pequeña mansión (pues la felicidad se compone de pequeñas cosas, dice Groucho Marx), se necesita de algo imprescindible: ser malo. Este es el requisito fundamental, y si usted es una de esas personas que creen en el Bien y en el Mal, en que la mejor virtud es la bondad y la bonhomía, jamás conocerá otra vida que la que llevan millones de mediocres y ejecutivos de medio pelo. Con suerte llegará a unos escalones por debajo del CEO, y hasta quizá logre convertirse en CEO, pero no sólo no disfrutará de las ventajas en la vida que proporciona esa bendición de los dioses sino que ese será el último escalón al que usted llegará. Este libro está concebido para que usted gane dinero, y mucho, todo el que quiera, no para que se convierta únicamente en unos de esos CEO adictos al trabajo y rutinarios que sólo se diferencian de la multitud de mediocres por la marca del auto, de la corbata o los metros cuadrados de su casa.

Se trata de otra cosa, de una vida plena y brillante, de la libertad personal y de los placeres que sólo se alcanzan con el dinero, y a raudales. El primer requisito para esto, como le decía, es ser malo. Todo el tiempo, continuamente, el mundo de los negocios exige que usted sea malo e indecente; y si usted, en vez de ser malo e indecente, prefiere comportarse como una persona buena y transparente, rebozante de moral y moralina, hágalo, pero no cuente conmigo. Este libro instruye acerca de cómo ser malo e indecente, astuto y miserable, duro y poderoso, manipulador y codicioso, frío y calculador, ruin y desalmado. No existe otro método confiable para ganar dinero, créame. Este libro no ha sido pensado para que usted gane amigos, sepa hablar correctamente o sea un experto en organización de empresas. Este libro le enseñará cómo hacer todo lo humana e inhumanamente necesario para ganar dinero y disfrutar de ello como un cochino... muy rico.

Posiblemente, al principio de la aplicación del arte maquiavélico de los negocios, usted se encuentre con algunos problemas derivados de una educación deficiente de los sentimientos y una excesiva consideración de la opinión de los demás.

Muy bien, puede suceder y sucederá siempre que uno ponga el dinero por encima de todo y a cualquier precio, pero sólo se trata de una cuestión de práctica y hábito. En el fondo nadie desprecia el dinero, aunque son pocos los que están dispuestos a venderle el alma al diablo a cambio de dinero. Solo que no es tan fácil que el diablo compre almas: tiene sobreoferta de almas en venta. Hoy por hoy es un mercado atiborrado.

Mientras usted sea un ganador e irradie ese aire especial de los seres exitosos que embriaga a los perdedores, naturalmente tendrá enemigos, aunque no quiera y le guste hacerse de amigos para hacer la vida más bella y agradable. Abandone esa idea tonta, si quiere ganar dinero. A lo largo de su vida maquiavélica usted dejará un tendal de gente triturada por sus magníficas artes y tendrá tantos enemigos como jamás soñó. Esa gente lo odiará sin descanso y no habrá nada que no hagan para que usted reviente de una vez. Ganar dinero y tener enemigos es tan inevitable como ser apuesto y seductor con las mujeres y provocar envidia y recelos por parte de la comunidad masculina que lo rodea. ¿Pero por eso usted renunciaría a su éxito con las mujeres?

Pero a la vez usted, si ha leído bien este libro, también gozará del amor incondicional de aquellos a los que haga ganar dinero. Éstos, si bien ganarán mucho menos dinero que usted a través de ellos, le retribuirán con lealtad y hasta lo admirarán. No cualquiera sabe ganar dinero. Alguien, como usted, que demuestre con hechos la capacidad de realizar hazañas en los negocios, repartiendo con cierta equidad (usted decide a qué llama "equidad") las ganancias, recibirá a cambio la admiración y la confianza de sus ejecutivos, si bien los mejores de ellos serán los primeros en abandonar el barco cuando se empiece a hundir. Esa es una buena señal para darse cuenta de cómo han marchado las cosas en los últimos tiempos.

Hay muchos que confunden el imperativo maquiavélico de ser malo con ser descortés y falto de delicadeza. Nada más falso e infamante. Alguien realmente malo no muestra que es malo, ni hace exhibición de su maldad sino simplemente lo es en los hechos. La ferocidad no excluye los modales correctos y agradables, porque después de todo vivimos en una civilización. Para ser malo auténticamente no hace falta maltratar gente todo el tiempo, sino sólo a veces y con un fin determinado. Nada ganará usted en el mundo de los negocios siendo malo y además tosco y desagradable. Simplemente se hará odiar y perderán el respeto por usted. Hay que ser malo para que le teman, no para que lo odien, aunque a veces se camina por el filo de la navaja.

Pero también usted, aparte de ser malo, un tipo verdaderamente insufrible, debe acostumbrarse a ser muy bueno, un ejemplo de generosidad. Sólo los poderosos se permiten eso que se reconoce a lo largo de la historia como "la gracia". Quienes sólo ejercen el poder en provecho propio (o cual sólo está parcialmente bien) se transforman en tiranos, y a la larga, todos los tiranos mueren a manos de otros tiranos o de sus propios favoritos que así se vengan de las ofensas sufridas y se sienten justos por derramar la sangre de un… tirano. Con el tiempo y la suficiente práctica de las artes maquiavélicas usted descubrirá la oportunidad para ser generoso, magnánimo y bondadoso. Pero, no se entusiasme, sólo como excepción, como un momento en que usted usa su poder para bendecir a la humanidad desharrapada. Será cuando se admita que, en definitiva, usted no es tan malo.

El problema en nuestra época, pletórica de vulgaridad y de mediocres sedientos de dinero, es que muy pocos poseen el coraje y el corazón templado para asumirse como príncipes del mundo de los negocios. La mayoría de los empresarios, ejecutivos y CEO carecen de toda aristocracia, para la cual el dinero no servía más que como un medio para darse una gran vida de placeres, y despreciable en última instancia. He conocido a grandes capitanes de industria cuya máxima aspiración ha sido la de esposar a una mujer joven, hacer negocios a expensas de un Estado venal y explotar a sus empleados y ejecutivos para echarse panza arriba en cualquier hotel internacional, mientras piensa en qué diablos cenará. Desde todo punto de vista, ese es un ser decadente.

El capitalismo actual necesita de emprendedores intrépidos y superhombres que amen el dinero, y eso lo saben los asesores más inteligentes de Bush hijo (una especie de clon degradado del padre) como el niponorteamericano Francis Fukuyama, quien ha llamado la atención a los jerarcas de la extrema derecha del Partido Republicano acerca de la escasez del espíritu aventurero de empresa en una sociedad reblandecida por la opulencia, el confort, el conformismo, el Prozac y las hamburguesas. Para Fukuyama, además de confianza en el capitalismo, hace falta que los ciudadanos de las democracias liberales abandonen la vida burguesa y masificada de la sociedad de consumo para arriesgarse a hacer dinero, pero dinero en grande. En la actualidad, los grandes emprendedores (estilo Henry Ford o Donald Trump), inspirados en extraodinarias visiones de revolucionar el mundo, se están extinguiendo como dinosaurios prediluvianos. Y sin ellos, no hay un capitalismo sólido.

Si usted ama el dinero y lo que éste permite, entonces prepare su cuerpo y su mente para vivir cosas extraordinarias que demandarán de usted la máxima energía. Y no se ponga nervioso porque romperá los corazones de sus más apreciados allegados. ¿Usted cree que los altos ejecutivos de las pocas megacorporaciones que dominan el mundo prefieren la vida familiar a hacer negocios? ¿Usted cree que esos sujetos, que viven con estrés permanente y en tensión extrema, siguiendo las fluctuaciones de los mercados mundiales en tiempo instantáneo, sufren de resfriados o sequedad de vientre? Nada de esas debilidades, porque disfrutan quitándole el dinero a otros como lo más bello de la vida. Elegantes y fríos, duros y eficaces, desconfiados y consumistas, son los gladiadores de nuestra época.

Por eso se requiere, como base *sine-qua-non*, que usted sea:

- Malo.

- Codicioso.

- Manipulador.

- Inmoral.

- Astuto.

- Duro e insensible.

- Egoísta.

- Rencoroso.

- Mentiroso

- Simulador.

- Orgulloso.

- Individualista.

Pero antes, después de estas breves advertencias, de introducirnos en el arte maquiavélico de los negocios –el único seguro para ganar dinero– no viene mal un poco de ilustración. ¿Es usted de esas personas que desprecian el saber? Se equivoca. Un hombre de negocios debe ser una persona

con cierta ilustración. Eso da lustre, prestigio, respeto, un tu-
fillo de mundo. ¿O quiere que lo confundan con un simple
de espíritu? El dinero es todo en la vida, como cualquiera lo
sabe, pero no es suficiente para una vida brillante. Un poco
de ilustración otorga al dinero un aire aristocrático que por sí
solo no tiene.

El dinero no hace la felicidad, no se confunda, pero se parece
tanto que –como dice Oscar Wilde– sólo un experto notaría
la diferencia. Y la única manera de convertirse en un experto
que sepa diferenciar la felicidad verdadera de la felicidad que
proporciona el dinero es tener mucho dinero. No existe otra
alternativa. La única manera de liberarse de la preocupación
por el dinero, de pensar todo el tiempo en él, consiste en
convertirse en millonario. Ningún rico, de esos que gastan el
valor de los ingresos anuales de un empleado común en una
botella de agua durante el almuerzo, se preocupa por el dinero. El verdadero rico está más allá del dinero.

Por eso, además de ganar dinero, usted debe aprender a
gastarlo. Como me pagan para escribir un libro sobre Maquiavelo aplicado a los negocios, yo no voy a dedicarme en
estas páginas a cómo y en qué usted gasta el dinero. No obstante, le diré algo: es necesario, para el funcionamiento del
sistema capitalista, que usted gaste dinero. Y no me refiero
al dinero que usted invierte en instalaciones, ejecutivos o publicidad. El gasto que el capitalismo demanda, para poder
perpetuarse, es que usted gaste su dinero en cosas impro-
ductivas e inútiles.

No existe la sociedad de consumo sin el gasto por el gasto
mismo. Lo que hace que la sociedad de consumo pueda mantenerse en pie, es el gasto superfluo, el lujo y la suntuosidad.
La mayor parte de las cosas que se consumen, y si se consumen rápidamente mejor todavía, son innecesarias. Nadie,
por ejemplo, necesita cambiar el auto una vez al año o más,
o comprarse la *notebook* más sofisticada del mundo y la más

cara. Esos gastos no satisfacen ninguna necesidad. Por otro lado, las necesidades de una persona para vivir sanamante no pasan de dos o tres: comer, dormir y abrigarse. Pero el capitalismo nunca se propuso vivir de las necesidades, sino crear nuevas. Por eso, si usted quiere colaborar para que la sociedad de consumo sea eterna, gaste en lujos. ¿O acaso piensa usted que la Fundación Rockefeller no fue un lujo que se dio una de las grandes fortunas de la historia?

Ahora, abra su mente. Concéntrese. Nicolás Maquiavelo (en italiano se dice Niccolò di Bernardo dei Machiavelli) nació el 3 de mayo de 1469 en San Casciano, Val di Pesa, y murió el 21 de junio de 1527, en su amada e intrigante Florencia. Fue político, diplomático, filósofo, historiador, poeta y autor teatral. ¿Conoce usted, en el mundo de los negocios, mucha gente con esos talentos? A eso súmele que, como ha dicho Francis Bacon, Maquiavelo no escribe de cómo deberían ser los hombres, sino acerca de lo que son. Realismo puro y del que exige mucho estómago y tragar toneladas de saliva.

El mismo Maquiavelo fue un personaje descollante en el Renacimiento italiano, en particular por su pensamiento acerca del poder y el arte de la guerra. Es considerado universalmente como el fundador de la filosofía política moderna. Su obra mas popular, *El Príncipe*, fue objeto de glorificación, admiración, imitación, asco, horror y condena y todavía hoy continúa siendo discutida y rechazada por gente que no le llega ni a los talones. El nombre de Maquiavelo ha dado origen al inmortal término de "maquiavelismo", en general muy mal comprendido.

Hijo de Bernardo Machiavelli, abogado, perteneciente a una empobrecida rama de una antigua familia influyente de Florencia, y de Bartolomea di Stefano Nelli, también de una familia culta y con orígenes nobles pero con pocos recursos. Por eso, por falta de dinero familiar, a Maquiavelo se le privó estudiar la gran pasión del Renacimiento: el griego, la lengua filosófica. ¿Se da cuenta de que sin dinero ni estudiar se puede? El dinero, como decía Marx, es la prostituta universal.

Pero Maquiavelo tenía una inteligencia privilegiada y entre 1494 y 1512 estuvo a cargo de una oficina pública. Así fue que viajó a Francia, Alemania y a diversas ciudades-estado italianas en misiones diplomáticas. Fue encarcelado por un breve período en Florencia en 1512 y después exiliado y enviado a San Casciano. Murió en Florencia y fue sepultado en la Santa Croce.

La juventud de Maquiavelo coincidió con la grandeza de Florencia como potencia italiana, bajo el regio mandato de Lorenzo de Médici, el Magnífico. La caída de los Médici en Florencia ocurrió en 1494, justo cuando Maquiavelo se integraba en a la burocracia estatal. Durante su carrera como militar, Florencia fue libre bajo el gobierno de una república, hasta que en 1512 los Médici regresaron al poder, y Maquiavelo perdió su puesto. Los Médici gobernaron Florencia hasta 1527, año en que fueron nuevamente expulsados del poder. Este fue el período de actividad intelectual de Maquiavelo. Pero tuvo mala suerte: murió a unas semanas de la caída final de los Médici, el 21 de Junio de 1527, a los cincuenta y ocho años. Mi edad, por si le interesa.

En aquellos días heroicos, que nosotros jamás conoceremos ni en sueños, Florencia era una ciudad desgarrada por dos corrientes políticas opuestas: una representada por el sombrío y pétreo Girolamo Savonarola y la otra por Lorenzo, que amaba el lujo y el esplendor, las mujeres y la buena mesa, como corresponde. Lorenzo sabía vivir. En cambio, Savonarola no fue muy significativo para Maquiavelo: sólo lo menciona en *El Príncipe* como un fracasado profeta sin fuerza ni virilidad. En realidad, el estilo monumental de Lorenzo de Médici impresionó tanto a Maquiavelo que dedicó *El Príncipe* a su nieto.

Después de servir cuatro años en una oficina pública como secretario, Maquiavelo fue nombrado Canciller y Secretario de la Segunda Cancillería. Fue bastante importante su actuación en los asuntos de la república y han quedado sus decretos, sus registros y su despacho. Pese a que tuvo posiciones altas en el mundo público y político, siempre explicó que no quería ser rico. ¿Qué quería entonces Maquiavelo? Pues la gloria, como todo ser superior. No es nuestro caso, desde luego. Ni el mío, ni el suyo, porque estamos aquí simplemente (no lo olvide) para hacer dinero, la única forma de gloria posible en la sociedad de consumo. Signo de los tiempos.

La primera misión de Maquiavelo fue en 1499, para Caterina Sforza, de quien aprendió que es mejor ganar la confianza de la gente que confiar en la fuerza. Esta es una idea verdaderamente maquiavélica, y usted, si detenta algún poder, grábeselo en su cabecita. Sea humilde con los que saben más que usted. Porque, en el mundo de los negocios, no se gana la confianza de la gente siendo bueno. Como mucho, pensarán que usted es una buena persona y despertará cariño, ¿pero a quién le importa el cariño cuando lo que está en juego es ganar dinero? Pues a los mediocres como Luis XII. De él se ocupó, en 1500, Maquiavelo cuando fue enviado a Francia para convencer a Luis de continuar la guerra con Pisa. Luis XII es el rey que, en su política con relación a Italia, comete los cinco errores capitales del poder señalados en *El Príncipe*.

La vida y el pensamiento de Maquiavelo se encontraron bajo influjo de la política sanguinaria y feroz del papa Alejandro VI y de su ejemplar hijo, el sublime César Borgia, el duque Valentino. En *El Príncipe*, Maquiavelo no vacila en citar las monstruosas acciones de César Borgia como las más adecuadas para un poderoso en su condición de usurpador. De hecho, el duque era un buen hombre, pero nadie sobrevive en el poder si no se hace temer un poco, si no se hace malo. Y en aquella época, todos esos italianos no le tenían miedo a nada. Ni siquiera a la cabeza degollada de un íntimo amigo adornando la plaza pública.

El divino César Borgia es elogiado en *El Príncipe* como una bestia del poder que crece con la fortuna de otros, y cae de la misma manera, aunque un poco por fatalidad. El duque hace todo lo que tiene que hacer un hombre que ama el poder por sobre todas las cosas de este mundo (mata, roba, saquea, soborna, miente), pero por algún motivo fracasa justo en lo más importante. La adversidad le gana a César Borgia. ¿Usted cree que le puede ganar a la adversidad? Nadie puede. Si las cosas le son adversas, retírese y dedíquese por un tiempo a enanizar árboles. Yo lo hice, y se aprende de las fuerzas superiores.

Para muchos es indudable que Maquiavelo se inspiró en César Borgia para su obra *El Príncipe*. Yo no sé. César, además de un asesino despiadado y feroz, era un gran humanista que gustaba de las bellas artes y contrató a Leonardo Da Vinci para que le hiciera varias pinturas. A mí me parece que Maquiavelo sentía cierta admiración por la frialdad y la cultura del duque, quien se había criado en las corruptas y orgiásticas cortes de los papas de aquella época. En diversas ocasiones Maquiavelo mantuvo largas conversaciones con Leonardo, ese genio que inventó casi todo.

A la muerte del Alejandro VI, en 1503, Maquiavelo es enviado a observar la elección del nuevo Papa y conoce a César Borgia. El duque intentaba conseguir la elección de Giuliano delle Rovere (el Papa Julio II), que era uno de los que más temían al duque. Maquiavelo, sobre esto, dice que aquel que piense que los favores harán que los grandes personajes (como el futuro Papa) olviden ofensas pasadas se engaña a sí mismo. Esa es una gran verdad. Los grandes personajes son soberbios y rencorosos y si se los ha derrotado en alguna circunstancia, porque las circunstancias cambian, lo mejor es aplastarlo como un insecto en el momento oportuno. Maquiavelo estaba en lo cierto: Julio II no paró hasta arruinar completamente a César Borgia pese a que el duque lo había convertido en Papa.

En este pasaje sobre Julio II, Maquiavelo en *El Príncipe* presenta la famosa semejanza entre la Fortuna y las mujeres, y concluye que el audaz, y no el cauteloso, es el que conquista a ambas. ¿Usted qué piensa al respecto? Desde mi punto de vista, las mujeres son muy vulnerables a los que osan tratarlas como mujeres y no como damas. ¿Usted es una mujer? En ese caso, tenga paciencia. Ya llegará el momento en que haga algunos señalamientos sobre su caso.

Pero continuemos, porque este es un libro sobre cómo aplicar Maquiavelo a los negocios y no sobre cómo tratar a las mujeres. Así que en 1507 Maquiavelo es destinado a Alemania como diplomático para negociar con el emperador Maximiliano I sobre las medidas expansionistas que éste se traía entre manos. Maquiavelo lo convenció para que no invadiera territorios italianos y menos Florencia.

Pero el emperador Maximiliano I es descripto arteramente por Maquiavelo como un hombre pueril, sin fuerza de carácter, y sin la presencia de ánimo suficiente para llevar a cabo sus planes y sus deseos. ¿Cómo un hombre así, por más emperador que fuera, pretendía invadir Florencia, la patria de Maquiavelo? ¿Cree usted que un debilucho de estas características sería capaz de dirigir un imperio, una corporación, una empresa, siquiera la sección Cadetes?

Maquiavelo gustaba de los poderosos con carácter, aunque sea mejor perderlos que encontrarlos. Por ejemplo, retrató a Fernando II de Aragón como el rey que conseguía grandes conquistas en nombre de la religión, cuando en realidad desconocía los principios más básicos del cristianismo. Sin embargo, para Maquiavelo, poco y nada hubiese alcanzado Fernando II de Aragón si alguna vez se hubiese dejado reblandecer por la fe cristiana. No era un monaguillo, sino un temible conquistador.

Después de la batalla de Agnadello, Venecia perdió todo su poderío acumulado en ochocientos años al caer derrotada por la Liga de Cambrai, una coalición de potencias europeas que lideraba el Papa. Entonces surgió un problemita entre el sumo pontífice y Francia, y Florencia quedó desprotegida. A raíz de esta situación los Médici retornaron como si nada el primero de septiembre de 1512. Pero –¡oh, cómo se ensaña el destino con los más grandes!– la caída de la república dejó a Maquiavelo sin trabajo.

Al regreso de los Médici, Maquiavelo fue despedido por decreto el 7 de Noviembre de 1512. Fue encarcelado y torturado, ya que se lo acusó (lo cual era cierto) de formar parte de una conspiración contra los Médici. El nuevo Papa, León X, logró liberarlo y Maquiavelo se refugió en su pequeña propiedad en San Casciano in Val di Pesa, a unos diez kilómetros de Florencia. ¿Qué otra cosa podía hacer nuestro buen amigo? No hay manera de negociar con la adversidad. Sin una cuota de suerte, ni Maquiavelo se salva. El azar es prácticamente lo único que el arte maquiavélico de los negocios no puede manipular, aunque sí intentarlo y hasta usarlo para beneficio propio.

Pero la adversidad es la adversidad y cuando se cae en desgracia, se cae en desgracia. Víctima de la adversidad, en San Casciano in Val di Pesa (como yo, en una quinta de Tortuguitas) Maquiavelo se dedica a explotar un bosque de su propiedad junto con unos obreros y así sobrevive hachando y serruchando árboles. También intenta hacer negocios con la agricultura y la ganadería, pero no era lo suyo.

Sin embargo en esos duros años de su vida, Maquiavelo cada noche leía a Dante, a Petrarca y a Ovidio. ¿Usted ha leído a Dante, Petrarca y Ovidio por las noches, mientras no sabe qué será de su vida? Me imagino que no, porque usted (como lo era yo) sólo piensa en ganar dinero. Lo felicito, por eso ha comprado este libro. Pero si no es porque en aquellas solitarias horas Maquiavelo empieza a escribir libros, este libro no existiría ni de casualidad. Ni tampoco la filosofía política moderna. ¿Qué le parece? En San Casciano in Val di Pesa, Maquiavelo escribió ocho libros entre 1513 y 1525.

Aparte de *El Príncipe*, escribió su segunda obra más importante, la llamada *Discursos de la primera década de Tito Livio*, donde para muchos historiadores Maquiavelo expresa su verdadera visión política, al valorizar a la democracia como la mejor forma de gobierno y no la monarquía absoluta como se creía desde los tiempos de Platón. Luego escribió el *Discurso sobre el Arte de la Guerra* y su comedia *La Mandrágora*, una pieza teatral muy divertida que figura entre las más logradas del Renacimiento.

Pero la adversidad no da respiro a Maquiavelo. Pese a la amnistía en 1521, fue acusado (esta vez falsamente) de estar involucrado en una conspiración contra los Médici, y de nuevo es torturado y encarcelado. Por suerte, cuando al poco tiempo lo liberan, le ordenan la misión de liberar a unos trabajadores de la lana que habían sido secuestrados por una banda de delincuentes comunes. Maquiavelo logró la liberación y le pagaron con una buena cantidad de dinero. Con una parte de este dinero compró un billete de lotería y ganó 20.000 ducados. Por fin, la suerte empezaba a sonreírle.

Finalmente –ya no lo aburro más– trabajó en la academia humanista de Bernardo Rucellai, traduciendo la obra griega de Polibio. El nuevo papa Clemente VII, que también era partidario de los Médici, le encargó a Maquiavelo una obra sobre la historia de Florencia, y aceptó los 120 florines que el Papa le ofreció, una bonita suma para la época, pero ahora lo acusan de ser partidario de los Médici, algo absurdo, una ironía del destino.

¿Qué quiere que le diga para terminar con esta biografía lamentable? Maquiavelo murió olvidado. Así es. Sus ideas tuvieron más éxito en los siglos posteriores que en la época en que vivió. Hoy se lo considera como uno de los teóricos políticos más notables del Renacimiento, pero eso a él le sirve de bastante poco. ¿No cree? Murió sin ninguna fama, como cualquiera. Encima, lo que hoy de define como "maquiavéli-co" le hace escaso favor. Pero usted no escuche al vulgo.

Capítulo 2

Acerca de algunas reglas de oro maquiavélicas sin las cuales nunca conocerá el éxito

Si usted quiere ganar dinero (lo único de lo que uno no se cansa en la vida) debe cultivar la perseverancia y la voluntad. ¿Usted cree que cualquiera lee un libro sobre Maquiavelo, y para colmo aplicado a los negocios? De ningún modo. El mundo está lleno de idiotas en distintos grados de idiotismo, pero usted trate de restarle población a esa populosa masa. Recuerde esto: las grandes fortunas son muy pocas, poquísimas. Siempre ha sido así, y más hoy cuando los monos alfa escasean. ¿Sabe usted qué es un mono alfa? Se lo digo: el jefe del grupo, el que se queda con las mejores y más sensuales monas y el que domina sobre los monos beta. El mono alfa es uno de los últimos descubrimientos de la ciencia, y avergüenza a muchos humanos que hacen monerías. Y no sólo monerías.

Ha llegado el momento ahora de un poco más de educación. Es necesario que usted, un hombre más de esos ávidos de dinero, se embeba de la sabiduría de Maquiavelo. Lo ideal sería que usted se quemara las pestañas leyendo *El Príncipe*, pero a lo ideal se lo llevaron preso. De modo que he seleccionado algunos fragmentos de *El Príncipe*, libremente traducidos y de fácil aplicación al mundo de los negocios, para estimular un poco su imaginación.

A saber:

- Los hombres viven tranquilos en las viejas formas de vida. La incredulidad hace que nunca crean en lo nuevo hasta que adquieren una firme experiencia de ello. La naturaleza de los hombres es muy poco constante, diríamos voluble: resulta fácil convencerlos de cualquier cosa, pero es difícil mantenerlos convencidos.

- A los hombres es conveniente halagarlos o aplastarlos. Los hombres se vengan de las ofensas ligeras ya que de las graves no pueden; la afrenta que se hace a un hombre debe ser, por lo tanto, de tal magnitud que no haya ocasión de temer su venganza.

- No se debe jamás permitir que se continúe con problemas para evitar una guerra. De este modo no se la evita, sino que se la retrasa con desventaja para uno.

- Quien cree que nuevas recompensas hacen olvidar a los grandes hombres las viejas injusticias de que han sido víctimas, se engaña. ¡Y cómo!

- Se puede hacer un buen o mal uso de la crueldad. Bien usadas son aquellas crueldades que se hacen de una sola vez y de golpe, por la necesidad de asegurarse, y después ya no se insiste más en ella. Mal usadas son aquellas que, pocas en principio, aumentan con el curso del tiempo en lugar de disminuir.

- Las injusticias se deben hacer todas a la vez a fin de que, por probarlas menos, hagan menos daño, mientras que los favores se deben hacer poco a poco con el objetivo de que se aprecien mejor. Los hombres y otros seres animados, cuando reciben el bien de quien esperaban un mal, se sienten más obligados con quien ha resultado ser su benefactor.

- El que no detecta los males cuando nacen, no es verdaderamente prudente.

- Un príncipe que no se preocupe por el arte de la guerra, aparte de las calamidades que lo pueden asaltar, jamás podrá ser apreciado por sus soldados. Ni tampoco fiarse de ellos. Ni menos todavía exigirles esfuerzo en la adversidad.

- Quien deja a un lado lo que se hace por lo que se debería hacer, aprende antes de su ruina que de su preservación.

- Con aquello que no es nuestro ni de los subordinados, se puede ser (y es conveniente que así sea) considerablemente más generoso. El gastar lo de los otros no quita ninguna consideración, antes bien la aumenta.

- Con poquísimos castigos ejemplares se será siempre más clemente que aquellos otros que, por excesiva clemencia, permiten que los desórdenes continúen, de lo cual surgen siempre asesinatos y rapiñas vulgares.

- Se puede decir de los hombres lo siguiente: son ingratos, volubles, simulan lo que no son y disimulan lo que son, huyen del peligro, están ávidos de ganancia; y mientras les haces favores son todos obedientes, ofrecen la sangre, los bienes, la vida y los hijos cuando la necesidad está lejos; pero cuando ésta se le viene encima a uno (a usted, para ser más preciso) le dan vuelta la cara.

- Los hombres olvidan con mayor rapidez la muerte de su padre o de su madre que la pérdida de su patrimonio.

- La naturaleza de los hombres es contraer obligaciones entre sí tanto por los favores que hacen como por los que reciben.

- El príncipe (léase: el hombre de negocios) debe hacerse temer de manera que si le es imposible ganarse el amor del pueblo consiga evitar el odio, porque puede combinarse perfectamente el ser temido y el no ser odiado. El príncipe debe evitar todo aquello que lo pueda hacer odioso o despreciado.

- No hay –ni debe– guardar fidelidad a la palabra propia cuando tal fidelidad se vuelve en contra de uno y han desaparecido los motivos que determinaron la promesa. Si los hombres fueran todos buenos, este precepto no sería correcto, pero –puesto que son malos y pérfidos y no saben respetar su palabra– tampoco uno tiene por qué respetar la que dio.

- El príncipe debe ejecutar a través de otros las medidas que puedan acarrearle odio y ejecutar por sí mismo aquellas que le hacen ganar el favor de los subordinados.

- Se debe entretener a los subordinados en las épocas convenientes con fiestas y espectáculos. Y sea generoso con los dones.

- Hay que cuidarse de entablar una alianza con alguien más poderoso para atacar a otros, a no ser que uno se vea forzado a ello. La razón es que en caso de victoria el más poderoso querrá mandar y los príncipes deben evitar en la medida de lo posible el estar a discreción de los demás.

- También se adquiere prestigio cuando se es un verdadero amigo y un verdadero enemigo, es decir, cuando se pone uno resueltamente en favor de alguien contra algún otro.

- El vencedor no quiere amigos dudosos que no lo defiendan en la adversidad; el derrotado no concede refugio a quien no ha querido compartir su suerte con las armas en la mano.

- Ayuda también bastante dar ejemplos sorprendentes en la administración de los asuntos interiores, de forma que cuando algún subordinado lleve a cabo alguna acción extraordinaria (buena o mala), se le conceda un premio o un castigo que de suficiente motivo para que se hable de él. Hay que ingeniárselas, por encima de todo, para que cada una de nuestras acciones nos proporcionen fama de hombres grandes y de ingenio excelente. Hay muchos que estiman que un príncipe sabio debe, cuando tenga la oportunidad, fomentar con astucia alguna oposición a fin de que una vez vencida brille a mayor altura su grandeza.

- No hay otro medio de defenderse de las adulaciones que hacer comprender a los hombres que uno no se ofende si dicen la verdad; pero cuando todo el mundo puede decirle a uno la verdad se trata de una completa falta de respeto. Un príncipe prudente se procura un tercer procedimiento: elige hombres sensatos y otorga solamente a ellos la libertad de decirle la verdad, pero únicamente en aquellas cosas de las que pregunta y de ninguna otra.

- Es necesario ser un gran simulador y disimulador: y los hombres son tan simples y se someten hasta tal punto a las necesidades presentes que el que engaña encontrará siempre quien se deje engañar. Cada uno ve lo que parece, pero pocos palpan lo que uno realmente es.

- De ciertas cualidades que el príncipe pudiera tener, no cabe duda que si las tiene y si las observa siempre son perjudiciales, pero si finge tenerlas son útiles. Por ejemplo: parecer clemente, leal, humano, íntegro, devoto, y serlo, pero tener el ánimo predispuesto de tal manera que si es necesario no serlo, se pueda y se sepa adoptar la cualidad contraria con flexibilidad.

- A los subordinados se les debe beneficiar o, de lo contrario, anularlos.

- Una regla general que nunca o raras veces falla: acaba en ruina quien es causa de que otro se haga fuerte.

- En verdad, no hay medio más seguro de posesión que arruinar al adversario.

- Entre los que mandan, el príncipe nuevo no puede evitar el ser tenido por cruel, porque sus territorios recién adquiridos están plagados de peligros.

- Los hombres no se cuidan tanto de ofender a quien se hace amar como a quien se hace temer; porque el amor se mantiene por vínculo de obligación y éste, dada la malicia humana, se rompe fácilmente en cuanto anda por medio la propia utilidad. En cambio, el temor se mantiene gracias al miedo al castigo, que nunca nos abandona.

- Hay que saber que existen dos modos de combatir: uno, mediante las leyes; el otro, por la fuerza. El primero es propio del hombre; el segundo, de las bestias. Pero como a veces el primero no basta, conviene recurrir al segundo. De ahí que, al príncipe le sea necesario saber usar debidamente tanto la bestia como el hombre.

- Al vulgo lo convencen las apariencias y el resultado de cada cosa. Y en el mundo no hay más que vulgo.

- Cuando a los hombres no se les quita los bienes o las mujeres, viven felices. Y entonces no queda más que combatir las ambiciones de unos pocos, que es asunto fácil.

- El príncipe debe estimar a los grandes de su dominio sin atraerse el desamor del pueblo.

- Nada hace estimar tanto al príncipe como sus grandes empresas y sus ejemplos excepcionales.

- Ocurrirá siempre lo mismo: el enemigo nos pedirá la neutralidad; el amigo, la intervención armada.

- Los hombres atacan por miedo o por odio.

- Hay tres clases de inteligencia: los que entienden por sí mismos; los que disciernen lo que entiende otro; y, por último, los que ni entienden por sí mismos ni por otros. El primero es óptimo, el segundo excelente y el tercero perfectamene inútil.

- Sólo son buenas defensas, seguras y verdaderas, las que dependen de uno mismo y de la propia virtud.

- Es mejor ser impetuoso que circunspecto, porque la fortuna es mujer y, si se quiere dominarla, hay que maltratarla y tenerla a freno.

Bueno, seguramente esta última afirmación horrorizará a las feministas, e incluso a los feministas, o esas mujeres tan heterodoxas que ocupan posiciones de liderazgo en las corporaciones, pero usted debe acostumbrarse al estilo de Maquiavelo si quiere seguir (y entender algo) leyendo este libro. Todos los grandes estadistas y poderosos, empezando por

Napoleón, han leído *El Príncipe* y aplicado los preceptos maquiavélicos y mal no les fue. ¿Usted quiere ganar dinero o ser un pobre infeliz? Adivino la respuesta. Y porque la adivino, y me imagino que usted es un hombre con poco tiempo, mal predispuesto a distraerse con palabrerío, un hombre práctico, le he preparado también algunas reglas de oro comentadas inspiradas en Maquiavelo y otros genios.

Póngase cómodo, relájese y lea:

Primera regla de oro: Sea misterioso e impredecible

Esta es una regla maquiavélica que tiene sus fuentes en algunos estrategas chinos, como Sun Bin o Sun tzu. Por ejemplo, el primero decía: "Cualquiera que tenga forma puede ser definido, y cualquiera que pueda ser definido puede ser vencido". El segundo afirmaba: "Sé extremadamente sutil, discreto, hasta el punto de no tener forma. Sé completamente misterioso y confidencial, hasta el punto de ser silencioso. De esta manera podrás dirigir el destino de tus adversarios". Ser variable, calculadamente impulsivo y caprichoso, inestable y disruptivo, es una de las conductas predilectas a seguir por un eximio discípulo de Maquiavelo. Pero hay que saber aplicarla. Se la suele usar, en dosis apropiadas y en ciertas circunstancias, porque la intimidación y la amenaza a veces no sirven con sujetos preparados psicológicamente. En cambio, la impredictibilidad, por definición, no puede preverse. Como táctica es empleada por terroristas, dictadores y autoritarios de diversa calaña para crear inseguridad y conservar la iniciativa. Si usted se comporta impredeciblemente nadie podrá adelantarse a sus planes, pero para esto sus muchachos deben confiar hasta la sumisión más procaz en su genio estratégico. En cuanto a la competencia, no tendrán nunca una acabada noción de cómo defenderse de sus cambios bruscos e imprevistos, sin ninguna razón atendible por el resto de los mortales. Ser impredecible y misterioso, improbable, es uno de los recursos de simulación más prácticos cuando se está rodeado de inservibles y enemigos embozados. Hay quienes, especialmente los acostumbrados a mandar y subyugar a su gente, lo usan con total naturalidad, como si el mundo estuviera ahí para responder a sus inesperados giros sobre la marcha.

De esta regla, como consecuencia, se desprende que:

- Conviene que nadie nunca sepa lo que piensa, ni su almohada. Aprenda, poco a poco, a desarrollar una segunda conciencia y hasta una tercera. Haga de esas conciencias como cajas chinas donde usted guarda aquellos secretos que no le confesaría a nadie. Confiar en una sola conciencia, como guardián de sus secretos, es muy peligroso. Los secretos son el alma del poder y de la confianza en sí mismo. Además:

- Hable menos de lo que debería. Esto quiere decir que usted nunca debe empezar a hablar antes de que lo hagan los subordinados. Cuanto más tiempo permanezca callado, más pronto empezarán los demás a hablar. Y mientras lo hacen, usted puede comprender sus verdaderas intenciones. Algunos ejecutivos hablan como poseídos para distraer, sépalo, de sus intenciones ocultas y medir a su interlocutor a partir de sus reacciones. Pero esta es una argucia infantil e inútil cuando usted echa mano a la primera reacción que se le ocurre, desde insultarlo con sutileza a sonreírle en éxtasis porque sí.

- Cuando no hay más remedio que dejar elegir a alguien, que sólo elija entre lo que usted quiere. Estas es una regla absolutamente maquiavélica. Algunos expertos en *management* recomiendan lo contrario, pero ellos no saben nada del noble arte de forrarse de dinero. Usted haga caso omiso de los charlatanes, cálmese, y medite en esta frase de Maquiavelo: "Las heridas y cualquier otro mal que los hombres se ocasionan a sí mismos espontáneamente y por su propia elección son a largo plazo menos dolorosas que aquellas que les ocasionan los otros". Así habla un verdadero líder, no como esos ejecutivos que usted soporta porque los arregla con algunas moneditas.

- Que otros hagan las cosas por usted. Es decir, aprenda a delegar hasta que prácticamente su tarea específica sea la de controlar. Pocos logran la segunda etapa de esta estratagema, es decir, controlar al controlador en jefe. Sin embargo, una vez alcanzado el control del control general las cosas se simplifican mucho.

- Haga de modo tal que su jefe no sepa ni sospeche que usted es más rápido que él. He conocido a varios ejecutivos que no respetaron esta regla y, al principio, les fue bastante bien. Los jefes los dejaron hacer mientras les hacían ganar dinero, pero cuando se cansaron de ellos simplemente les dieron una seca patada en el trasero. Es mucho más sensato y razonable, si se quiere escalar hacia la gloria de los billetes:

- Hacer que la gente dependa de usted. Puesto que como dice Maquiavelo: "Un príncipe sabio ideará la forma para mantener a todos los ciudadanos en todas las circunstancias en situación de dependencia del Estado y de él; y entonces ellos siempre confiarán". Pero, en su caso, que no es un príncipe sabio sino un ambicioso que está aprendiendo a serlo, conviene:

- Confiar en el interés del prójimo, no en su agradecimiento. Por supuesto, y esto lo sabe cualquiera que ha amasado al menos una fortunita, la mejor forma y más rápida de hacer fortuna es dejar que los demás decidan claramente que es parte de su propio interés promocionar el nuestro. Esto se traduce en la fórmula: él gana dinero, luego yo gano dinero y todo el mundo feliz y contento.

- La información es poder; ergo, espíe y sepa hacerlo como corresponde. Porque si lo descubren, amigo mío, harán de usted un compuesto de huesos rotos. Suponiendo que su espionaje ha sido fructífero, lo que usted no debe olvidar es siempre, pero siempre, sin excepción:

- Destruir totalmente a sus enemigos. Una regla maquiavélica que, como usted entenderá (y si no lo lamento), vale como un axioma matemático. ¿Quién puede dudar que un triángulo tiene tres lados? Algunos estrategas no lo recomiendan, pero en última instancia es lo que único seguro. Casi nunca conviene perdonarle la vida a un enemigo derrotado, salvo que él acepte donarle todos sus bienes y pasarse a su bando como esclavo. En ese caso, como se hacía en la antigüedad esclavista, usted le perdona la vida a cambio de que él claudique su libertad en sus manos. Es un trato justo.

- No pierda el tiempo discutiendo; actúe sin dilaciones. Discutir supone un enfrentamiento de argumentos y contra argumentos que pretende que los problemas se solucionan racionalmente. Falso de falsedad completa. Discuta un rato, si quiere, pero cuando se harte de palabreríos, actúe en forma directa y clara. El resto es literatura y de la mala.

- Elija sus enemigos y manéjelos. Al respecto sólo una cita de Sun Tzu: "Los buenos guerreros hacen que los adversarios vengan a ellos, y de ningún modo se dejan atraer fuera de su fortaleza. Si haces que los adversarios vengan a ti para combatir, su fuerza estará siempre vacía. Si no sales a combatir, tu fuerza estará siempre llena". Pero, como usted sabe, según la Ley de Murphy, si una cosa puede salir mal, seguramente saldrá mal, sus enemigos también pueden haber leído este libro y negarse a darle batalla de acuerdo a las condiciones que usted intenta imponer. Por eso:

- Retirarse no es rendirse. Retirarse cuando todo falla es la estrategia final, pero no significa huir con el rabo entre las patas. Al enfrentarnos con un enemigo superior o mejor preparado, uno se puede rendir, negociar o retirarse. Rendirse significa caer derrotado, desde luego; en cambio, al retirarse uno no abandona la guerra sino que la suspende por un tiempo. Fracasar es lo más fácil que hay, pero hacerlo con elegancia sólo le está reservado a los grandes. A partir de la retirada, ahora usted puede:

- Concentrar los esfuerzos en los puntos débiles y más sensibles, y que otro haga el trabajo sucio. A esta regla maquiavélica, los chinos la denominan "Matar con cuchillo prestado". Sin embargo, cuídese de los esbirros que utiliza para que actúen por usted. Mientras más idiotas y simples, mejor. Pero, también, cuídese si sus muchachos son demasiado idiotas y simples. Como en tantas otras cosas de la vida, siempre es bueno la mesura y el equilibrio. O como diría Aristóteles: la justa medida.

- Diga a los demás lo que quieren oír. Suprema regla maquiavélica que puede llevarnos al Olimpo, pero también al desastre. Si usted no tiene memoria, de manera que pueda recordar sin sombra duda a quién le dijo qué, no la use. Sólo los memoriosos son capaces de mentir a cada uno según la mentira que quiere escuchar y sostener esas mentiras a lo largo del tiempo. Hay matrimonios fundados sobre esta regla, aunque también divorcios. Si usted logra manejar esta técnica de la mentira, su destino será magnífico. La verdad, por otro lado, es un mito moderno que le conviene a los científicos y otros religiosos, pero a usted no le conviene de ningún modo. Si la verdad le sirve, la utiliza o la deforma. De lo contrario miente. La verdad absoluta no existe en realidad, porque siempre aparece mezclada con verdades a medias, mentiras, exageraciones y prejuicios. El mentiroso nato tiene la virtud de desafiar el principio de realidad y, si no se detiene, es capaz de mentir ante lo más obvio y evidente. La mentira constituye una de las principales herramientas para alcanzar el éxito, siempre y cuando usted crea en las mentiras que les dice a los demás. Decir a los otros lo que quieren oír es una de las formas de mentira de más fácil resolución. Se cuenta de antemano con la mayoría de los habitantes humanos del planeta, quienes jamás se enfrentan a la cruda realidad cara a cara sino que buscan que ésta se acomode a sus deseos. ¿Por qué usted les privaría de esa satisfacción tan humana?

• Decida y actúe sin vacilar. Regla extraordinaria que alerta acerca de la decisión y la acción que uno emprende de acuerdo a la decisión. Esto significa que si usted no se decide no puede actuar. O, también, que si lo hace sin decisión está destinado a morder el amargo polvo de la derrota. Cualquier decisión es mejor que ninguna, así usted decida cualquier cosa, lo más absurdo de lo más absurdo. Sea arbitrario y hasta enigmático en sus decisiones. Sin decisión no hay acción posible. Ni poder, ni dinero, ni nada. Ni siquiera dudas. Usted decide.

• Sea brutalmente honesto. Este es el recurso inverso a la simulación y la mentira, y no todos pueden hacerlo, especialmente cuando mentir es como respirar o rascarse los sobacos. En las empresas, donde todos mienten o simulan sin el menor principio ético, existen pocos tipos capaces de la honestidad brutal y que el otro acepte sin protestar la verdad descarnada que acaba de un golpe con todas sus esperanzas de una vida mejor. Hay CEO que mandan a otros, más duchos que ellos, en descargar el vómito de la honestidad brutal sobre la víctima y ellos se lavan las manos. Para nada recomiendo esa actitud de mariquita. Lo mejor es que usted tome el toro por las astas y sea brutalmente honesto con quien debe serlo. El método clásico consiste en:

1) Ponerse bien de frente al que será masacrado por la honestidad, en parte porque se trata de honestidad (una rara especie corporativa) y en parte porque será brutal.

2) Ser breve como un alfilerazo o la mordida de una serpiente, de modo que la víctima no tenga margen de reacción o de respuesta y quede como anestesiada.

3) Observar con la mirada fija en los ojos del damnificado en total silencio y sin mover un músculo, con el rostro pétreo e inexpresivo, durante un tiempo prudencial, hasta que el efecto de desmoronamiento psíquico de la víctima se realice acabadamente.

4) Retirarse lo más lejos posible del cuerpo de la víctima o, si cabe, perderse un rato en el *office*.

• Sepa ganar. Por supuesto, saber perder no insume ningún esfuerzo, porque no hay otra alternativa y está el mundo lleno de perdedores, pero saber ganar requiere mucho arte y sabiduría. ¿Cuándo parar de acumular poder y dinero? He ahí el dilema ante el que se han rendido verdaderos ases del mundo de los negocios. He conocido muy pocos hombres de negocios (si, en realidad, conocí alguno) que supieron detenerse ante el éxito. No lo hace, porque no saben hacerlo. La mayoría de los que embocan un negocio con el que ganan vagones de dinero, se engolosinan como niños y no paran hasta que ya es tarde. ¿Y a mí qué me importa, se dirá usted, si lo que yo quiero es hacerme millonario? Está en lo cierto, pero sea prudente y piense: ¿con qué cantidad usted se dará por satisfecho? ¿Con cuánto dinero? ¿Cuál es su límite? Ponga una suma, por más sideral que parezca. Supongamos, unos 10.000 millones de dólares. Es una bonita cifra, sobre todo si tiene insomnio. Pero, una vez que la ha alcanzado, ¿podrá parar? Como dice un amigo mío: "uno se cansa de todo, menos de ganar dinero".

- Sea ilógico. La lógica déjela para los lógicos, que andan por las nubes y son profesores universitarios que ganan un sueldito miserable. La lógica y la realidad se llevan a las patadas. Si la realidad misma es ilógica, ¿por qué sería usted lógico? Una organización demasiado lógica mata la creatividad y vuelve a la gente burocrática y melindrosa. Por el contrario, los procesos organizativos ilógicos, aunque no desordenados, son más estimulantes y aptos para entrenar ejecutivos en los cambios imprevistos del mercado. Por otro lado, la lógica concluirá que usted se vuelva no sólo previsible sino aburrido.

Segunda regla de oro: Sea desconfiado

Esta es una regla que, manejada con mesura y equilibrio, produce resultados óptimos. Pero un exceso de desconfianza genera paranoia y, a la larga, todos alrededor suyo se pondrán paranoicos. Hay casos muy famosos de millonarios paranoicos que, cuando observaron que la desconfianza como regla metódica les resultaba muy útil para descubrir enemigos antes de que lo fueran, la practicaban las 24 horas del día. Cuando la desconfianza, tan necesaria en el mundo de los negocios como un celular sólo utilizable para recibir mensajes, se traslada a la vida privada, usted se encontrará en el umbral de la atención psiquiátrica. La desconfianza que usted aplique en todos los ámbitos en que se mueva donde huela dinero debe ser flotante y controlada. Nunca deje de desconfiar de nadie, aún sin motivos, y menos de los que quieren ganar su confianza. ¿Para alguien querría ganar su confianza? Hay en el mundo de los negocios gente agradable y simpática, pero también una mayoría abrumadora de desagradables y vulgares que lo único que quieren es ganarse la confianza de incautos para venderle cualquier bazofia. Cuando observe que alguien quiere ganarse su confianza mediante seducciones y adulaciones, desconfíe: esos son los peores. Como usted debería saber, la confianza mató al gato. La única persona en que usted debe confiar es usted mismo.

De esta regla, consecuentemente, se desprende que:

- Desconfíe de los demás, en especial de sus aliados y socios. Observe sus costumbres, sus creencias, la calidad de la ropa que usan, sus vicios y falta de ellos. Si usted tiene ejecutivos, empleados o socios demasiado correctos y prolijos, desconfíe más. Todo lo humano es imperfecto y si algunos parecen perfectos, se trata de una fachada, una máscara para engañar. No existe ser humano que no tenga su lado oscuro, aunque muchos o la mayoría lo disimulan para no agitar fantasmas, pero lo tienen. Por lo tanto, vigile a la humanidad cercana a su escritorio, limusina o burbuja presurizada. Mantenga a su secretaria (ya hablaremos de ella) como un filtro poco permeable entre el mundo externo y usted. Si carece de secretaria y usted sólo está en las primeras etapas de la larga carrera hacia una montaña de dinero, aprenda a estar solo en el medio de la multitud. Aíslese internamente, desconfiando de todos, aunque con modales amables y neutros.

- Desconfíe de sus enemigos. Ellos lo único que quieren es eliminarlo. Como usted quiere lo mismo, gana el que primero elimine al otro. Y de tal modo que sólo quede un humito por sobre las cenizas del enemigo muerto.

- Desconfíe del mundo de los negocios. Las intrigas, ambiciones, fraudes, mentiras y bajezas del mundo de los negocios son tantas y tan variadas que lo mejor que usted puede hacer es desconfiar hasta de lo más evidente y obvio. No hay obviedades ni evidencias claras cuando lo que está en juego es dinero. Por eso, respete sus corazonadas e intuiciones como si fuera la voz de Dios. Si hay algo en el aire que no le gusta en una reunión de negocios, discretamente se va. Si hay un ejecutivo o empleado suyo que por alguna razón no le cae bien y no sabe por qué, lo echa. Si no se siente a gusto con alguien, simplemente se lo saca de encima y se dedica a lo suyo. Confíe en su nariz y adiéstrela para percibir los más finos olores y aromas, esas fragancias sutiles que delatan las intenciones de cualquiera, aunque todavía él mismo no lo sepa.

Tercera regla de oro: Sepa cuál es su talón de Aquiles

¿Cuál es su punto débil? Si usted no puede determinar su talón de Aquiles, esa debilidad que lo transforma en un ser repulsivo y sometido, jamás ganará más que un puñado de sucios billetes, de esos que los ganadores del sistema usan para encender sus cigarros cubanos. Asumir el talón de Aquiles representa, en el arte maquiavélico de los negocios, una cosa tan básica que da vergüenza que yo tenga que establecerlo como una regla de oro. Por algo la puse en tercer orden. Quien no sepa cuál es su punto débil siempre estará indefenso ante un enemigo que lo descubra. Y no hay peor enemigo que uno mismo. El talón de Aquiles, si no lo maneja usted a él y no él a usted, lo empujará lenta pero inexorablemente a la ruina. Piense un poco: ¿cuál es su talón de Aquiles? ¿Quizá la moral? ¿La religión? ¿El fútbol? ¿La familia? ¿Los hijos? ¿Su madre? ¿La ideología política? ¿Las mujeres?¿Un corazón tierno? ¿La opinión ajena? De hecho, no hay quien carezca de un punto débil, y hay tantos puntos débiles como seres humanos en este ancho y caótico mundo. Sea cual sea, no importa si moral o inmoral, legal o ilegal, tolerado por lo establecido o inadmisible por las buenas costumbres, usted debe ser el amo de su talón de Aquiles y no a la inversa. No sería humano que usted nunca ceda a los cantos de sirena de su talón de Aquiles, pero sólo hágalo de vez en cuando. De todos los pecados capitales que uno puede cometer, después de reprimirse un largo período, el más perdonable –como decía un amigo mío ya fallecido– es la lujuria. El resto de los pecados –por ejemplo, la gula, la avaricia, la ira y otros que no recuerdo– son todos imperdonables, máxime cuando usted es un esclavo de ellos. Sin ir más lejos, la avaricia hace de las personas seres abominables y sórdidos. Por más que usted, después de un gran fracaso comercial, deba restringir el presupuesto y los gastos superfluos, siempre se las debe ingeniar para hacer algún gasto superfluo y lujoso. De este modo, sus subordinados no se desaniman y usted demuestra que todavía posee riqueza para dilapidar.

De esta regla, consecuentemente, se desprende que:

- Hay que tomar represalias contra aquellos que inciten su talón de Aquiles. Lamentablemente esta medida sólo se debe aplicar en el mundo de los negocios, porque si usted lo lleva a la vida privada se quedaría más solo que un hongo. No obstante, en la tarea de hacer dinero en forma creciente y segura, aquellos que estimulen o despierten su punto débil, aún sin quererlo, deben ser objeto de duras represalias. Fuera de la vida corporativa, esa persona que sensibiliza su talón de Aquiles hasta hacerle perder la cabeza podría ser un amigo o un amigote, pero a los fines empresariales (o sea, ganar dinero) constituye una amenaza para su salud mental y fisiológica.

- Se debe ocultar su talón de Aquiles. Sin duda, hay algunos talones menos ocultables que otros, lo que no significa que usted se rinda ante ellos. Como hacen los asesinos y delincuentes, contra toda prueba, usted siempre se declara inocente. Cuando ya no pueda aguantarse, con todo sigilo, da rienda suelta a su punto débil lejos de la empresa, y si puede, solo. De lo contrario, con alguien que sepa poco de usted, y lo que sepa, sea en parte cierto y en parte mentira.

Capítulo 3

Acerca de algunos modelos estratégicos aplicados maquiavélicamente con el fin de hacerse rico y poderoso

Como ya dijimos en su oportunidad, los expertos en administración de empresas, en *management* o en lo que usted le venga en gana, toda esa raza hipócrita de las empresas, aprovechadores de la ignorancia de los CEO y demás directivos y ejecutivos, no saben nada del arte de ganar dinero. Algunos han facturado sus fortunas, pero no la hicieron aplicando lo que recomiendan. Por ejemplo, los gurúes de marketing, planificación estratégica y demás trucos, le deben todo a Maquiavelo, y ni siquiera lo saben. Disculpe usted mi soberbia, pero este es un libro que le abrirá los ojos, si todavía no se durmió. Todo el asunto se resume en la estrategia, el arte de la guerra, al que hace unos cincuenta años han recurrido los cráneos del capitalismo y del poscapitalismo (como dice Peter Drucker) para hacer de las empresas algo rentable. El resto es publicidad. ¿No me cree? Antes de abrir juicio sin conocimiento de causa, lea un poco más. Desásnese.

El análisis estratégico de negocios emerge a fines de los 50 y principio de los 60 en Estados Unidos y es básicamente estrategia militar usada en los negocios, ya que las dos estrategias tienen por fin "ganar". La única diferencia es que las empresas compiten, pero no para destruirse, porque si lo hacen nadie gana, lo que no quiere decir que usted se prive de destruir a su competencia si tiene que sobrevivir. Pero hay que andar con pies de plomo. Es muy ilustrativo el caso de Coca Cola y Pepsi,

que comenzaron una guerra de precios que casi los destruyó porque tenían que vender bajo el costo de producción. Esto, por supuesto, beneficia a la competencia menos poderosa. Siempre alguien se beneficia de la destrucción de otros.

El concepto de estrategia es introducido en la ciencia económica por los académicos von Newman y Morgerstern en 1944 con la teoría de los juegos y la idea de competición. En 1962 la estrategia llega a la teoría del *management* con Alfred Chandler y Kenneth Andrews, que la definen como la determinación conjunta de objetivos de la empresa y de las líneas de acción para alcanzarlas.

El término estrategia es de origen griego y procedente de la fusión de dos palabras: *stratos* (ejército) y *agein* (conducir, guiar). Obviamente se refiere a la manera de derrotar a uno o a varios enemigos en el campo de batalla, pero implica la rivalidad y la competencia. La utilidad de la estrategia hace ya mucho que no sólo se aplica a la rivalidad para derrotar oponentes en una guerra sino también como guía general de las empresas y corporaciones para lograr un máximo de eficacia. Es decir, por si no entendió, para ganar dinero. ¿Pero ese no es el objetivo, en realidad, de toda guerra?

A la estrategia la inventaron antiguos griegos como Jenofontes y Tucídides. Después en Roma aparecen Polibio, Plutarco, Tito Livio y Julio César. En el Renacimiento, Maquiavelo lee los escritos y libros de todos ellos y la estrategia se hace absolutamente sublime. En el siglo XIX tenemos al célebre y genial Karl von Clausewitz que reformula todo el pensamiento estratégico anterior y que han leído desde Lenin hasta Kissinger. Los estrategas actuales (la llamada "estrategia total") son Liddell Hart, Fuller, Collins y Beaufre. Todos ellos definen a la estrategia en función de la política, pero como hay cada vez más gente en el mundo que quiere ganar dinero, desde hace un tiempo se la define desde la empresa. ¿No es más noble dedicarse a ganar dinero que exterminar personas?

De este modo, la finalidad de la estrategia es alcanzar o mantener los objetivos fijados por la empresa, utilizando lo mejor posible los medios que se disponen. Una estrategia es buena si, por supuesto, se consigue con ella alcanzar los objetivos previstos con economía de esfuerzos. Los objetivos pueden ser ofensivos, defensivos o simplemente de conservación de su miserable empresa.

Para alcanzar o mantener los objetivos es necesario doblegar la voluntad del adversario —es decir: dominar a la competencia— y esto es producto de una decisión, como ya le dije anteriormente. Un imperio empieza con una decisión. La decisión conduce (sin decisión váyase a su casa a mirar televisión) a la consecución de los objetivos a costa de la voluntad del adversario y de los factores exógenos y endógenos que intervienen en la decisión de marras. La decisión es suya, únicamente suya, no de ese asesor que contrató porque no sabe qué decidir. ¿Entendió?

Si entendió también debería entender que, una vez establecidos los fines, se requieren medios para llevar adelante una estrategia. Los medios son todos los recursos materiales, espirituales, humanos e inhumanos con que usted cuenta para poner en ejecución la decisión que ha tomado. Su poder (o su falta de poder) está en directa relación con los medios de los cuales dispone para conseguir sus objetivos. Sin recursos materiales (es decir: dinero) y humanos (es decir: inteligencias) usted se fundirá ni bien empiece a querer ganar más dinero.

La elección de los medios está condicionada por la situación concreta y por el objetivo que usted espera alcanzar. Usted tiene que considerar aquello que se denomina la esencia de la estrategia: la vulnerabilidad del adversario y el poder suyo. Como usted no sabe a ciencia cierta cuán vulnerable es su competencia con relación a su propio poder, lo primero es descargar acciones dirigidas sobre las vulnerabilidades del adversario empleando los medios adecuados a estas supuestas

vulnerabilidades, previendo las reacciones adversas (un mínimo de azar) que sus acciones puedan generar y las respuestas suyas a esas reacciones de la competencia.

¿Muy complicado? Y sí, no es para tontos. Mire, yo entiendo que este es un libro de divulgación y que usted, como lo único que tiene claro en la vida es que quiere ganar dinero, no tiene ganas de perder tiempo. El tiempo es oro, decía Benjamin Franklin. Abreviando entonces, le voy a obsequiar cinco modelos estratégicos para que memorice.

A saber:

1. **Amenaza directa:** este modelo describe cuando usted tiene medios muy potentes (un grupo de indómitos halcones dispuestos a todo y mucho crédito) y el objetivo es modesto. En este caso la amenaza de esos medios tan poderosos puede llevar al adversario a aceptar todas o en parte las condiciones que usted le quiere imponer, de modo que renuncie a sus pretensiones desmedidas.

2. **Presión indirecta:** en este modelo los medios son escasos, por lo que su libertad de acción se reduce considerablemente, pero el objetivo es modesto. Lo que usted debe hacer consiste en llevar adelante su decisión mediante acciones más o menos amenazantes de carácter publicitario, rebaja de precios o difamación pública de la competencia.

3. **Acciones sucesivas:** es decir, cuando los medios son escasos, el objetivo importante y la libertad de acción reducida, usted sostiene a rajatabla la decisión que tomó mediante una serie de acciones sucesivas producidas por sus mejores ejecutivos. Es importante en este modelo combinar la amenaza directa y la presión indirecta con acciones sorpresivas de fuerza.

4. **Lucha total prolongada:** en este modelo usted se encuentra en una situación donde la libertad de acción es grande pero dispone de escasos medios o muy rústicos y torpes (poco dinero y ejecutivos inútiles). La acción correcta es imitar la técnica de la guerrilla (pegar donde más duele y donde menos se lo espera), la cual obligará a la competencia a un esfuerzo mucho más considerable que no podrá sostener indefinidamente sin desgastarse.

5. **Lucha frontal:** cuando los medios son potentes, el objetivo es importante y la libertad de acción reducida, la decisión se sostiene mediante un conflicto violento y de corta duración. Es el modelo de la "guerra-relámpago".

Los cinco modelos estratégicos anteriores son precisamente eso: modelos. De ninguna manera usted hallará esos modelos en la realidad, porque la realidad es de por sí caótica y no responde a modelos. Aquellos que creen que pensar sobre la base de modelos los hace unas eminencias grises carecen de toda educación y, lo que es peor, del mínimo sentido común para no ahogarse en un vaso de agua. Los modelos estratégicos pueden darse en la realidad absolutamente mezclados y de las maneras más variadas que usted se imagine. Pueden, además, darse situaciones estratégicas que rompan todos los modelos. Por ello lo fundamental para usted es respetar los principios estratégicos.

Éstos son tres:

1. **Voluntad de vencer.** O sea, fe en el triunfo, tenacidad y fortaleza anímica para alcanzar el objetivo a pesar de todas las adversidades y desgracias. Optimismo y fuerza interna. La voluntad de vencer no se resume en voluntarismo (para los voluntaristas la voluntad basta para hacer dinero, lo cual es completamente absurdo, porque en el mundo

habría más ricos que pobres) sino en la elección del punto decisivo que usted quiere alcanzar.

2. **Libertad de acción.** Este principio consiste en conservar la libertad de acción y privar de ella al adversario. Dicho en otras palabras: usted selecciona libremente la maniobra estratégica, los medios, las misiones y orienta la realización de acuerdo con la situación y la actuación de la competencia. Es la elección de la maniobra preparatoria dirigida hacia el punto decisivo. Como ambos adversarios están abocados a lo mismo (conservar la libertad de acción y privar de ella al adversario) el éxito lo obtendrá aquel que haya sabido impedir la maniobra adversa sin que impidan la de él. Las maniobras son de dos tipos: ofensivas y defensivas, y unas son acciones y otras reacciones a acciones del adversario. Las maniobras ofensivas son atacar, amenazar, sorprender, fingir, engañar, forzar, cansar y perseguir. Las maniobras defensivas son guardarse, parar, parar atacando, despejar, esquivar y romper.

3. **Capacidad de ejecución.** Es la capacitación pertinente (lo que puede involucrar todo tipo de competencias y técnicas) y adecuación de los medios disponibles a las diversas misiones.

Espero que usted haya notado que en la decisión estratégica lo esencial es mantener la libertad de acción, privar la del adversario y mantener la iniciativa de la maniobra (quien golpea primero, golpea dos veces). Pero (siempre hay un pero) además de elegir el modelo estratégico de referencia y de respetar los principios en la dura batalla para aumentar su cuenta bancaria usted debe decidir cuál será su actitud general: es decir, debe decidir (otra vez) entre los dos modos estratégicos principales: la estrategia directa y la estrategia indirecta:

1. La estrategia directa se propone conseguir el objetivo por la confrontación directa y punto. Es un estilo rudo y exige ejecutivos de la raza de los halcones con plumaje blindado y nervios de acero. Estos tipos suelen ser difíciles de manejar porque tienen vuelo propio, aunque a veces aterricen en cualquier lado. Lo recomendable con ejecutivos halcónicos es conseguir el objetivo sin un enfrentamiento directo, sino con el desgaste constante del adversario, sin bien –cuidado– el desgastado puede ser también usted.

2. La estrategia indirecta elige tácticas indirectas para alcanzar el objetivo de la decisión. La preferida es la "guerra psicológica", la propaganda, la mentira, el terror, la siembra de confusión y otras acciones simbólicas dirigidas al psiquismo de la competencia, a los clientes de la competencia y a los suyos propios.

En síntesis; es crucial que:

1. Usted conozca el entorno económico y la competencia (es decir, el campo de batalla).

2. Que de una vez por todas acepte las leyes naturales de Charles Darwin, quien señala que "sólo sobreviven los mejores".

3. Entienda que desde el punto de vista económico-psicológico toda conducta humana es –hasta cierto punto incierto– previsible y controlable.

De este modo, usted podrá anticiparse a los hechos y beneficiarse, como lo hacen esas famosas 500 mejores empresas de Forbes y la mayoría de las empresas exitosas en el mundo.

Ahora, responda a las siguientes preguntas:

1. ¿Es su negocio rentable o un fiasco?

2. ¿Cómo su plan obtendría una ventaja competitiva en el mercado?

3. ¿Qué es lo que marca su diferencia frente a la competencia?

4. ¿Cómo planea alcanzar objetivos con relación a la competencia?

5. ¿Es ese plan legal, semilegal o clandestino?

6. ¿Cuál es su estrategia? Si su estrategia es de bajos costos, pues, bueno, todos sabemos que esta estrategia es signo de baja calidad. ¿No puede mejorar un poco?

Si usted no se maneja con una inteligencia estratégica como le recomiendo, entonces no puede saber ni en sueños en qué consiste su ventaja competitiva. Si además de todo tampoco tiene idea de la participación en el mercado de la competencia, de sus productos y de sus estrategias es imposible que usted pueda tomar alguna decisión con claridad, y sin una decisión clara prepárese para fracasar. Algunos dicen que casi no se sufre.

Pero si usted es de la raza de los halcones, demuestre con hechos que su empresa tiene o no una ventaja competitiva sobre sus competidores, haga un análisis financiero, descubra la liquidez, la solvencia y la rentabilidad simplemente porque si un inversionista quiere invertir en su negocio o usted quiere aumentar su capital y le preguntan por esos datos y usted no los sabe, ni siquiera le van a invitar el café sino que se lo van a cobrar.

En cambio, si usted tiene una buena gestión y conocimiento de cómo hacer dinero, sabiendo que tiene una liquidez baja (o sea, poco dinero en caja), una solvencia alta (o sea, está endeudado hasta la coronilla), y una rentabilidad baja (digamos, menos de un 3%), entonces usted necesita urgentemente ayuda de gente como yo, pero siempre y cuando disponga de dinero para financiar dicho asesoramiento. Pero como yo estoy retirado y, además, no creo que me interese la cantidad de dinero que me ofrezca (siempre es poco) no dude ni un instante (puede ser fatal) en contratar un estratega maquiavélico para que lo ayude a salvarse de la muerte en vida.

De modo que, como supongo que usted necesita indicaciones prácticas para ser un buen estratega maquiavélico, mientras aprende a comportarse como tal sin nadie que le venga a decir cómo hacer las cosas, le daré algunas para que tenga en cuenta. De estas indicaciones y modelos de conducta, usted podrá aplicar algunas con cierta habilidad y otras le provocarán náuseas durante un tiempo. Es lo normal. Con el tiempo, su estómago se hará tan fuerte que las digerirá como papilla para bebés. Ahora lea con atención:

- Piense en grandes objetivos. Es decir, usted debe pensar con espíritu de emperador universal. Los pequeños objetivos son nada más que medios para conseguir grandes objetivos. Mientras más en grande piense usted, más sentirá en su pecho cómo crece la potencia y el orgullo de los conquistadores del mundo. Siempre piense en duplicar o triplicar su cuenta bancaria, en quintuplicar el valor de sus bienes inmuebles, en sextuplicar la porción de mercado que domina, en multiplicar al infinito su margen de acción competitiva. En principio: no hay límite. ¿Le gustan las corbatas? No lo dude: amplíe su colección de corbatas con todas las marcas y diseños imaginables y exclusivos. ¿Le gustan los autos deportivos? Pues, ¿por qué no los colecciona? ¿Le gustan los chiches electrónicos o tecnológicos? Cómprese la *notebook* más sofisticada y cara que conozca. ¿Les gustan los viajes de placer? Viaje dándose todos los gustos. Pero, además, entre nosotros: ¿no le gustaría un avión privado con todas las comodidades, capaz de volar a cualquier parte del globo? Para eso, desde luego, se necesita dinero. Y el dinero no irá solo a sus bolsillos como un perrito faldero. El dinero se obtiene pensando en mucho dinero.

Elimine de su organización a los siguientes indeseables:

1. **Adultos mayores.** Imposible que resistan una estrategia de alto vuelo y exigencia energética. Aunque quieran, el organismo deteriorado por los años no le responderá. Además, carecen de cultura tecnológica y tienden a la nostalgia de los viejos tiempos fordistas. Muchos de ellos todavía guardan una ética del trabajo en un todo en desacuerdo con la falta de ética en el trabajo que se necesita para afrontar la competencia posfordista. Siempre será más barato para usted indemnizarlos y mandarlos a casa que soportarlos como un lastre.

2. **Jovencitos inmaduros.** Imposible que resistan una estrategia de alto vuelo y exigencia energética. Como se alimentan mal y viven conectados a Internet, el cuerpo no les da más que para actuar velozmente, pero lo mismo que hacen a gran velocidad lo haría una persona normal a velocidad media. Además se llevan el mundo por delante con absoluta torpeza y sobre todo a los viejos. El punto a favor que tienen es la desmedida ambición, pero una patada en el trasero dada a tiempo enseguida los vuelve melindrosos y zalameros.

3. **Asesores.** Realmente no sirven más que para opinar de esto y de aquello y piden demasiado dinero. Si usted quie-

re asesorarse de algo se hace asesorar gratis y rápido. En cualquier caso, siempre puede recurrir a un pseudo amigo o a alguien que le deba un favor, pues conviene tener deudores de favores. También entre su tropa no faltará alguno de su confianza que pueda opinar de esto y de aquello por el mismo salario.

4. **Auxiliares.** ¿Quién necesita auxiliares? Respuesta: los incapaces. A excepción de las secretarias, eficaces amazonas a su servicio, el resto de los auxiliares son una carga dineraria inútil y estorban focalizar quién sirve y quién no.

5. **Ejecutivos caros.** A salvedad del halcón maquiavélico, que vale en oro lo que pesa, los ejecutivos caros dan un mal ejemplo a los ejecutivos senior. ¿Quién se cree que es ese ejecutivo suyo con su asesor, su secretaria y su pequeña corte de los milagros? Son ejecutivos demasiado pesados para participar de una estrategia de alto vuelo. Están acostumbrados a una estructura que los sirva según su estilo y lo que usted necesita son ejecutivos que lo sirvan a usted según su estilo maquiavélico.

6. **Ejecutivos baratos.** El punto es que no son ni ejecutivos ni baratos. Cuando son numerosos, usted tiene un problema de magnitud. Lo que hacen ellos, lo haría un ejecutivo senior mejor y en menos tiempo. Los ejecutivos baratos, a la larga, como todo lo barato, resultan caros. ¿Para qué quiere usted en sus equipos ejecutivos baratos? Los ambiciosos quieren ganar dinero y, si no, se van donde lo olfatean. Otra cosa: una ejecutivo barato da una pésima imagen de su empresa.

7. **Líderes burocratizados.** Han sido, en algún momento de la historia, el motor de la empresa, pero ya no lo son. Se

ha diluido su energía en los logros obtenidos y permanecen en movimiento inercial sumergidos en un automatismo burocrático. Sin ellos ocupando espacio, todo seguiría marchando igual. No son perdedores sino ex ganadores, lo que es peor. Si a usted le gusta la vieja usanza, los arregla con una medalla y los manda de vuelta a casa.

8. **Enfermizos.** Hay gente en las empresas que se enferma demasiado. En un alto porcentaje es mentira, pero también en otro alto porcentaje es verdad. Lo mismo ocurre con los empleados que van a cada rato al baño. Esa incontinencia delata una mala salud. No hay otra alternativa que quitárselos de encima. ¿Dónde se ha visto un guerrero del mundo de los negocios que viva permanentemente engripado o decompuesto? Con las mujeres (el sexo débil) le recomiendo cierta tolerancia, sólo cierta. Con el resto, nada que hacer: afuera.

Es completamente imposible, sea cual sea su grado de iniciación en el arte maquiavélico de hacer negocios, llevar adelante una estrategia maquiavélica sin echar gente a la calle, y a veces mucha gente, incluso aquellos con los que usted se ha encariñado. Pero, así es la vida si quiere ganar dinero y ganar dinero. Pero usted, sino no sería usted, o yo no sé para qué pierde el tiempo leyendo este libro, seguramente tiene reparos en despedir gente y arrojarla (junto con sus familias y allegados) a la pobreza y la inanición. No se preocupe, porque esa deficiencia suya es solucionable. No es fácil echar gente y menos echarla personalmente, pero a veces (demasiadas veces) no hay opción. La elección es entre usted o ellos. En realidad, no se trata de una elección: su interés está infinitamente por encima.

Sin embargo, no hay métodos infalibles para despedir gente. Lo que yo le aconsejo (no sé otros maquiavélicos o ex maquiavélicos corporativos) es lograr un estado de ánimo previo a realizar o comunicar el despido. En primer lugar admita la fatalidad del asunto y proceda como si ya lo hubiera echado. Siéntase ejerciendo el máximo poder de su voluntad y de su libertad como si fuera de otro, transmitiendo al despedido la inevitabilidad del despido y su imposibilidad e impotencia para hacer lo contrario. Piense que la eficacia de su estrategia depende de expulsar de la estructura de la empresa a gente inservible para sus objetivos y sentirá que hace lo correcto.

De todas maneras es conveniente en el proceso de despido que usted:

- Transmita con la mayor claridad posible su odio visceral hacia ellos día tras día, y semana tras semana, siempre que encuentre la ocasión propicia. Eso los irá preparando para el desenlace final y a usted también. En el momento que los eche, no será para ellos más que lo que esperaban desde hace tiempo. Además, tenga en cuenta que si no renuncian ante todo ese odio acumulado suyo, es porque no tienen donde ir a molestar. Razón de más para hacer la limpieza.

- Permítase felicitarlos por la misión cumplida, elogiarlos por su perfil y asegurarles un futuro brillante, aunque fuera de su empresa. En última instancia, degrádese un poco a usted mismo y a la falta de oportunidad que le ofrece una empresa como la suya, con muchos problemas y al borde de la bancarrota. Deje que el despedido piense que usted le está haciendo un favor al despedirlo. Haga que se sienta reconocido y apreciado por quien (usted) no tiene manera alguna de retenerlo en su empresa. Créame: hay algunos que se van contentos hacia un futuro incierto pero promisorio.

- Avíseles con tiempo suficiente para que recojan sus cosas, se lo hagan saber a la familia, lo asimilen y se vayan bien lejos.

Si se van a trabajar con la competencia, mejor. Los secretos que se llevan de su empresa no tienen la menor importancia estratégica. Si la competencia los emplea, tanto peor para ella.

- Pero no se exceda con el tiempo de tolerancia. No acepte que se demoren por alguna historia patética. No es razón para perjudicarlo a usted. Evidentemente quizás existan motivos desesperantes para que el desgraciado insista en quedarse en su empresa, pero ese no es el punto. Si no hay alternativa, lo ayuda con dinero a modo de obsequio para que se vaya y afronte su problema. Incluso, en presencia del despedido, habla con algún colega que odie para que lo tome a prueba ·por un tiempo. Más no puede hacer. ¿Para que está usted, para ganar dinero o para ser solidario con la gente?

Terminado el trámite, usted respirará aliviado y sentirá que el futuro es suyo. Despedir gente es una prueba de fuego para cualquier halcón maquiavélico y lo recomendable es pasar por ella lo antes posible. Luego usted conocerá, con el correr de los días, una forma extraña de felicidad, ni bien repare en que ya no están en su empresa todos esos indeseables y pesados. No sólo ahorrará dinero, que es la base de la fortuna, sino aprenderá que el interés superior (ganar dinero) que guía su conducta no se detiene ante buenos sentimientos, preceptos morales, lágrimas o súplicas. Como en toda guerra, el general en jefe entierra a sus muertos y continúa la marcha hasta la victoria.

Sin embargo, despedir gente es sólo un mal trago que dura un suspiro, nada que no se arregle con un digestivo o un whisky en algún salón *after-hour*. Nada comparable con lo que espera de ahí en más para sostener su estrategia caiga quien caiga y pese a quien pese. Y el primero que puede caer, y a pesar suyo, es usted mismo. Como ya lo sabía Maquiavelo, nada debilita más al príncipe que relajarse excesivamente y abandonar el entrenamiento y el uso de las armas. El príncipe siempre está preparado y dispuesto para la guerra. Pero como usted recién comienza a darse cuenta de en qué consiste un principado corporativo, para estar a la altura de las circunstancias, le recomiendo que se esfuerce sin perder el aliento en los siguientes ítems:

- **Exhiba su potencia.** Nunca se exagera con el logo de la empresa puesto en cualquier parte. Haga relojes, tazas, agendas, remeras, corbatas, afiches, bolsas de plástico, banderines. Haga de su logo el signo que lo identifica en la vida y que identifica a sus muchachos. El logo de su empresa es usted mismo simbolizado por todas partes. No se equivoque. No se trata de propaganda o promoción de su empresa, sino de usted. ¿Por qué cree usted que Toyota cuenta con su propia bandera? Tenga su bandera. Representa un signo de soberanía y de potencia. Eso funciona mucho mejor, ante sus subordinados, que poner una foto suya en su despacho. Eso ya no se usa y dará la impresión de ser un vanidoso. Y aunque lo sea, no lo demuestre: lo utilizarán en contra suya.

- **Determine la ocasión propicia.** ¿En qué momento del día usted se siente mejor y más inclinado a descargar su agresión sobre sus subordinados? ¿A la mañana, a la tarde? ¿En la última hora del día laborable, cuando ya están todos cansados y agobiados? Usted elige, pero hacia la última media hora, cuando ya falta poco para irse a casa, es la mejor ocasión para gritar y ponerse exigente. Su tropa debe aprender a no distenderse en ningún momento, y menos cuando están cansados. El cansancio no representa ninguna excusa para bajar la guardia. Antes de volverse a casa o donde sea, es necesario que ellos sientan que sus vidas, adentro y fuera de las instalaciones de su empresa, le pertenecen a usted.

- **Nunca deje de presionarlos.** Mantenga a sus subordina-dos siempre alerta, siempre tensos, siempre en pie de gue-rra. Dedique todo el tiempo posible, mientras atiende algu-nas cuestiones personales por el celular, a mostrarse por los puestos de trabajo. Que no crean que usted está distraído. Aproveche para lanzar miradas de soslayo, para observar a uno o a varios en silencio, para levantarle la voz a alguien, con o sin razón. Haga sentir su presencia diariamente.

- **Establezca una disciplina férrea.** Ninguna estrategia se puede llevar adelante sin una cadena de mandos sólida y vertical. Usted es el único jefe, el jefe de todos los jefes. Las órdenes que usted imparta (en lo posible, pocas y breves) se cumplen sin resistencias. Si algún ejecutivo de su confianza o algún halcón maquiavélico se muestra en desacuerdo, la cum-plen igual y después, si usted quiere, le explican por qué no estaban de acuerdo. Tal vez usted se equivocó, pero el único que tiene derecho a equivocarse en su empresa es usted.

- **Nunca se dé por vencido.** Para morir, hay que morir de pie. La estrategia que usted ha fijado, hasta que la cambie por otra, la lleva hasta la última consecuencia. Quien no la com-parta o no la soporte, sólo puede hacer una cosa: renun-ciar. No dude ni por un instante en tomar represalias con-tra quienes conspiran activamente o pasivamente para tra-bar su estrategia. Son simplemente enemigos internos, pero con desventaja con relación a los externos.

- **Evite odiar al enemigo.** El odio aumenta las hostilidades de su adversario en los negocios y eso a usted no le conviene. Trate de no odiar a su enemigo, simplemente porque es tan humano como usted o como cualquiera. El odio enceguece y le restará nobleza como líder espiritual y empresarial de sus subordinados. El enemigo en los negocios no necesita ser feo, inferior, inmoral o inhumano para considerarlo un enemigo. La lucha estratégica de los negocios tiene como supremo fin ganar dinero, no salvar a la humanidad. Además, a lo largo de su vida, no pocas veces su estrategia se orientará hacia la destrucción de un amigo o alguien que usted aprecia. No se esfuerce en odiarlo, carece de sentido porque él no merece su odio. Esfuércese, en cambio, en vencerlo.

El arte maquiavélico de los negocios sería mucho menos complicado si fuera legal matar gente, como en la guerra. Sin embargo, como no es posible, aunque usted lo desee, debe aprender a doblegar la voluntad del adversario y de sus subordinados sin amenazarlos de muerte ni lastimarlos físicamente. Son las reglas del juego. Toda herida que usted infrinja en el mundo de los negocios se limita al bolsillo o al espíritu. Las heridas que afectan el patrimonio duelen muchísimo más que cualquier otra, aunque hay algunas que hacen del espíritu de las personas una cosa lamentable. Enseñe la humildad. Y para eso, nada mejor que humillar.

Capítulo 4

Acerca de cómo transformarse en un halcón maquiavélico de excelencia y disfrutar con la metamorfosis

Antes que nada, si quiere transformase en un halcón maquiavélico, mantenga la boca bien cerrada, los ojos más que abiertos, y obedezca sin chistar. Observe, sin hacerse ilusiones, el mundo real, como es y no como debería ser. Arranque de cuajo los aspectos suyos morales, éticos, religiosos o espirituales. Al comienzo tendrá que hacer algún esfuerzo o no (hay halcones que no tienen ni una pizca de moral de entrada), pero más adelante, cuando haya vencido algunos pruritos y consideraciones hacia el prójimo, incluso encontrará cierto goce en comportarse inmoralmente. Se lo digo yo.

Sólo los que han obedecido hasta la abyección, saben mandar. Esta es una verdad de Perogrullo que usted no debe olvidar jamás mientras sea un subordinado. Pero, como todo tiene su límite, no ponga nervioso al CEO siendo demasiado abyecto. Un ejecutivo demasiado abyecto es uno de los espectáculos más repugnantes que he visto en mi vida, y he visto muchos. Aprenda a hablar sólo cuando le hablen, y vaya directo al grano. Sin embargo, para ahorrarse problemas, trate siempre de mantener la boca bien cerrada.

Demuéstrele al CEO que usted es un halcón dúctil y rapaz, pero de ninguna manera lo moleste con comentarios cargosos sobre idioteces del pueblo, ni menos a sus preferidos. Sepa darse cuenta de con qué bueyes ara su querido CEO y haga voto de silencio como el monje más hermético. Si el CEO es un hombre al que le interesa el dinero y nada más que el dinero, tómelo como ejemplo de vida, obedezca sus indicaciones, apóyelo siempre que pueda, permita que lo proteja y lo compre con cualquier cosa. Las mujeres del jefe están absolutamente prohibidas para usted. Si tiene mala suerte (la carne es débil) de acostarse con la esposa o la hija, renuncie en el acto.

Por favor, sobre todas las cosas: aprenda a preguntar. Si no entiende lo que se le ordena, no se quede en silencio como si hubiera entendido. Pregunte hasta que se le haga claro. Pero no exagere. Un tipo que pregunta demasiado para captar una simple orden es un idiota. ¿Quiere que lo consideren un idiota?

Para ser un halcón maquiavélico se requiere de una única habilidad. No es muy difícil practicarla, pero a ciertas personalidades grises y tímidas les lleva años. A la larga lo consiguen, pero como decía el gran maestro Keynes: a la larga estamos todos muertos. Esa habilidad halcónica consiste en estar atento todo el tiempo para conseguir la mejor oportunidad para usted pese a quien pese y caiga quien caiga. O sea: si para conseguir la mejor oportunidad para usted es necesario arruinar a un colega, compañero de trabajo, socio, ejecutivo o CEO, hágalo sin dudar. Es difícil no dudar.

Los resultados de esta irreprochable habilidad suelen ser óptimos. Además, sepa que si usted no le corta la cabeza a sus competidores, ellos lo harán con usted. En estas cuestiones quien golpea primero golpea dos o tres veces. Como usted sabe, el clima psicológico y moral de una empresa (si es pequeña, mucho peor) es pura carroña. Sólo hay una regla efectiva para sobrevivir más o menos entero a ese aire venenoso: destruya a los que quieren destruirlo.

Grábeselo: debe actuar con total seguridad cuando rectifique o rechace cualquier difamación o infamia que le adjudiquen a usted. No sea idiota. En cualquier empresa, y más si usted es uno de esos halcones atropelladores y pedantes, habrá alguien (incluso el más amistoso) que lo odiará a muerte y con mucho resentimiento. Es la ley de la vida. Pero usted, si aprendió algo leyendo este librito, adelántese a los acontecimientos. Busque información sobre aquel o aquella (las mujeres pueden hacerle la vida imposible porque se encarnizan más) que lo ataca tanto directa o indirectamente. Preste atención a los rumores y los chismes que se cuentan sobre sus enemigos o adversarios, es lo mismo, y planifique un contraataque inolvidable y fulminante.

Mientras tanto, sea amigo de todos en general y de nadie en particular. No conviene a un halcón mantener una amistad profunda con un colega porque nunca se sabe si no tendrá que sacrificarlo alguna vez. Si usted tiene un buen amigo en la empresa donde trabaja, tome distancia lo antes posible de esa amistad pero cordialmente. Busque sus amigos en el club, en la infancia o en el barrio, nunca en la empresa. Yo sé lo que le digo.

Otra cosa: no se vista llamativamente, no se haga el original ni el extravagante, no tenga opiniones raras ni use palabras ingeniosas, no diga lo que piensa, no exhiba su inteligencia, no se ufane de las mujeres que conquistó en la calle, en discotecas o en otras empresas donde trabajó. Lo importante es que usted no se destaque en nada. Sea del montón, aunque no lo sea.

Fundamentalmente, no se meta en los conflictos internos. Que se las arreglen ellos, usted es un hombre de negocios y está ahí para ganar dinero y no para perder tiempo en líos. Sin duda, como usted es un halcón observador, no se le escapará que en una empresa (mientras más grande y poderosa, peor) se cometen actos de injusticia y de crueldad todo el tiempo, pero el dinero con la justicia y la bondad no se llevan bien. Lo justo en una empresa, como decía un amigo mío, es lo injusto. ¿Qué prefiere? ¿Ser víctima o victimario?

Como en las grandes corporaciones circulan mentiras de diverso calibre todo el tiempo, usted no le crea nada a nadie.

Haga como Descartes: dude como método. Si el mundo es una gran mentira, con ese método cartesiano, usted queda a salvo de los engaños. Aprenda que la verdad se impone por sí sola, si existe alguna verdad en las empresas que no sea aumentar las ganancias. Lo más que se puede hacer en esas condiciones insalubres es soportarlas con una amplia sonrisa y mucha paciencia. Aprenda a soportar lo insoportable.

La única manera de frenar la producción continua de mentiras es convertirse en una especie de atractor de información proveniente desde todos lados, sin discriminación alguna. El chisme, aunque usted no lo crea, guarda una verdad deformada acerca de las personas. No sólo de quienes el chisme se refiere, sino también de los que emiten los chismes. Con frecuencia, un chismoso se delata a sí mismo. Por ejemplo, un chismoso de historias sexuales suele revelarse como una especie de perverso sexual por omisión.

El principal agente de los embustes que recorren una empresa, con una frecuencia aterradora, es la dirección ejecutiva. Como, por razones de conservación del poder, ocultan lo que saben o simulan que saben lo que no saben, a menudo mienten o no dicen toda la verdad (lo que es una forma de mentira), con lo que generan muchas veces estados de confusión y de pánico entre los empleados. La dirección ejecutiva de la mayoría de las empresas miente casi constantemente por un cúmulo de motivos, el primero de los cuales es ocultar información.

Entérese: la información es poder. Por medio de una red bien armada de soplones, algunos pagados con favores suyos y otros simplemente sobornados con promesas de favores (que puede o no cumplir), se enterará de los movimientos de sus rivales una vez que usted alcance algún puesto en la cúspide de la empresa. Naturalmente, llegado ese momento, usted tendrá enemigos hasta en la sopa. Como dice Oscar Wilde: no tener enemigos es una prueba de mediocridad. Y quien tiene enemigos necesita aliados. Sin información confiable (ya sea verdadera o falsa) y sin aliados usted será fácil presa de la manada de lobos que ambiciona comérselo.

Por supuesto, jamás subestime ni sobrestime a su enemigo. Todos los hombres tienen un talón de Aquiles que usted debe descubrir si aprecia su pellejo. Si le tiene miedo a su enemigo porque él es más poderoso que usted, nunca muestre que justamente eso es lo que siente. Si lo hace, su enemigo se sentirá más fuerte, más lindo y más inteligente que usted y no le temblará la mano cuando deba cortarle la garganta. Nunca se haga el amigo con su enemigo ni le demuestre ninguna nobleza ni nada parecido. Si usted se manifiesta como un rival caballeroso, lo más probable es que su enemigo lo tome como un gesto de debilidad y actuará en consecuencia.

Consecuentemente, por todas estas razones o falta de ellas, y a riesgo de repetirme, recuerde:

- Los negocios son negocios y punto.

- Pero lo más importante es tener fama de honesto, aunque no lo sea de ningún modo. Es una cuestión de imagen.

- Si usted no es honesto como supongo (nadie realmente honesto leería este libro) simule ser honesto y será honesto. ¿Qué diferencia hay entre alguien moral y alguien que simula ser moral? Ninguna en el fondo. Alguien que simula todo el tiempo —pero todo el tiempo— ser honesto y virtuoso, al final es más honesto que deshonesto.

- La simulación es la madre del éxito.

- Hay muchos modos de llegar al éxito, pero el más corto y rápido es tomarlo por sorpresa.

- Como decía Napoleón, todo hombre tiene su precio. Algunos son carísimos (los menos), otros caros y otros baratos (la mayoría). Comprar cuesta más que tomar, pero comprar también es una manera de esclavizar.

- Nadie lo respetará nunca si usted carece de poder. Quien más poder tiene hace las reglas y, cuando quiere, las rompe. Es decir: de hecho, usted está fuera de las reglas.

- Es sano sentir envidia, resentimiento y odio por los negocios exitosos de los demás. Si a su competencia le va mejor que a usted, vénguese de alguna manera. Es preferible una pequeña venganza a ninguna.

- Nunca guíe su acción por los consejos que le den, así lo aconseje su propio padre o madre. Escuche los consejos y pida la opinión de otros, pero la decisión (sin decisión no hay poder) la toma usted.

- Trate a sus socios con desconfianza y reticencia. Nadie confía en nadie cuando se trata de ganar dinero y menos cuando hay en juego mucho dinero.

- El dinero mueve al mundo, no lo dude un segundo. Usted puede ser feo, tonto y rústico, pero con dinero en poco tiempo se transformará en bello, inteligente y educado.

- Con dinero todo se puede, hasta comprar a la mujer más hermosa del mundo. No tendrá su amor, pero sí su eterno agradecimiento.

- Jamás pierda la paciencia ni el tesón. La voluntad clara, la cabeza despierta y el estómago lleno basta para hacer de un hombre alguien feliz.

- Si no puede resolver un problema, después de intentarlo varias veces, déjelo. Como cualquier otra cosa en la vida, un problema también alguna vez se termina.

- Jamás ayude a otro en los negocios sin que esto sirva a sus propios intereses. En el mundo de las empresas, nadie ayuda al otro sin ayudarse a sí mismo. ¿Conoce usted algún ejecutivo exitoso de corazón altruista? No existen.

- Muchos problemas sólo están en la cabeza de usted y no en la realidad, que no sabe nada de problemas ni de no problemas. A veces simplemente conviene dejar que los problemas se resuelvan por sí mismos.

- Todos los problemas se resuelven por sí solos después de un tiempo. En los negocios y en la vida todo está en permanente cambio.

- Existe sólo una manera de lidiar con los problemas graves sin solución: imagine que ya ha sucedido lo peor y anticípese a reparar los daños.

- En la adversidad, sea digno. Nada en el mundo es tan repugnante como ver a un halcón maquiavélico llorisqueando.

- En el éxito, sea altivo con sus jefes y generoso con sus subordinados. Pero nunca dé motivos para que lo odien.

- Nunca olvide la segunda ley de la termodinámica: todos los sistemas, con el tiempo, tienden al desorden. Razón por la cual siempre haga sus cálculos previendo que todo puede salir mal.

- Sólo triunfan los que no temen el fracaso, pero no todos lo que no temen el fracaso triunfan.

- Como se sabe, a grandes problemas grandes remedios. A veces no hay otra alternativa que hacer correr sangre ajena antes que corra la propia.

- Sin excepción, todos los problemas tienen su origen en la estupidez humana. Y como ésta forma parte de la naturaleza de los hombres, siempre habrá problemas.

- En el fondo, sólo hay dos clases de persona: las que quieren poder y las que no.

- Toda persona se puede manejar, hasta cierto punto. Hay muchas personas que le harán el trabajo fácil porque quieren ser manejadas, manipuladas y usadas hasta el servilismo más extremo.

- Pero no todas las personas son susceptibles de un control absoluto sobre su voluntad.

- En general, la mayor parte de la realidad está fuera de nuestro control, pero los expertos en seguridad de las empresas están convencidos de lo contrario. Hay accidentes que se pueden prever, pero no todos. Precisamente un accidente es algo imprevisible.

- Cuando sea necesario aplicar un castigo, sea lo más brutal y feroz posible. No debe quedar duda de que usted es un tipo malo cuando castiga. Malo y cruel. Sin embargo, evite excederse.

- Cuando el castigo involucra a muchos, tome a un chivo expiatorio. Trate, por supuesto, de ser injusto y arbitrario, en la elección. Mientras más inocente y bondadosa es la víctima, mejor. Castíguelo con saña como ejemplo para los otros.

- Pero el castigo como solución debe practicarse de modo restringido y rápido. Si tiene que ser cruel, sea lo más breve posible.

- Hay una herramienta prácticamente infalible para que usted se haga respetar por sus subordinados: el miedo. Es increíble cómo el miedo educa a las personas. Una vez que usted ha conseguido que le teman, puede dormirse en los laureles, porque el miedo se internaliza en la gente.

- Someta al personal de seguridad a su jefatura directa. Con ellos, debe comportarse como un tirano intolerante.

- Jamás permita que su personal de seguridad haga justicia por mano propia.

- Clave: haga que los demás trabajen por y para usted. O sea, aprenda a delegar.

- Los adictos al trabajo no saben vivir y jamás serán halcones maquiavélicos. La mayor parte del tiempo que se necesita para hacer dinero no es trabajando sino haciendo sociales para hacer buenos negocios.

- Úselos, pero no arme sus equipos solamente con adictos al trabajo. El trabajo es la maldición bíblica y esa gentuza que sirve sólo para trabajar cree que esa es la única manera de ganar dinero. Algo tan falso como idiota y hace del trabajo el sentido de la vida, cuando el sentido de la vida sólo puede ser ganar dinero.

- En la lucha por el ascenso, el peor enemigo de un halcón maquiavélico es un adicto al trabajo.

- El adicto al trabajo debilita una de las mejores armas (sino la principal) que usted tiene para hacer crecer su empresa: el amor al dinero. El adicto al trabajo ama el trabajo, no el dinero.

- El adicto al trabajo sólo disfruta del trabajo, no de los placeres que otorga el dinero. ¿Para qué usted quiere dinero? ¡Pues para gastarlo!

- A la inversa que un adicto al trabajo, un halcón maquiavélico hace del trabajo un medio y no un fin en sí mismo. La mayor parte del tiempo se relaciona con gente mediocre y vulgar que toma como medios para ganar dinero y nunca como seres humanos.

- La humanidad es una abstracción. Hay sólo personas que nos acercan o nos alejan del dinero y el éxito.

- Sin embargo, es importante que cultive su espíritu. Refínese. Lea libros. Escuche música. Visite los museos. Compre algunas pinturas valorizadas en el mercado del arte. Eso permitirá que usted se sienta un poco superior a sus subordinados y desarrolle la distancia espontánea que impone la jerarquía.

- Escape de la rutina rígida. O mejor: de la rutina.

- Lo mejor que puede hacer para ganar dinero es organizar su tiempo, de manera tal que pueda escaparse sin peligro de su empresa.

- Como usted sabe, el tiempo es oro. Lo importante es no malgastarlo y ganar tiempo para disfrutar de la vida.

- Ahorre tiempo mientras se dedica a los negocios. No lo despilfarre como si fuera inmortal.

- No pierda el tiempo con negocios de poco dinero. No crea en eso que "mejor algo que nada". A veces, mejor es nada.

- No pierda el tiempo con deudores miserables y de poca monta. Usted está para otra cosa. Mande a sus abogados, que para eso están. (A propósito: cuídese de los abogados. Son una raza maldita y lo saben. Ningún abogado deja de aprovecharse de su condición mercenaria y ruin. Un abogado que conocí decía que a medida que conocía a los abogados más quería a su perro).

- Si puede pagar, estafar o sobornar para ganar tiempo, hágalo. Para un halcón maquiavélico el fin justifica los medios.

- No pierda el tiempo tomando café con cualquiera que dice hacer buenos negocios. El que hace verdaderamente buenos negocios, no pierde el tiempo tomando cafecitos como un desocupado.

- No pierda el tiempo hablando por teléfono con su novia, esposa, amante, amiga o lo que sea.

- No pierda el tiempo con proyectos de negocios que no le interesan. Si duda, déjelos.

- Usted, como un *boy scout*, debe estar siempre listo para ganar dinero. La oportunidad para hacer un buen negocio puede darse a cualquier hora del día o de la noche, de vacaciones o un día que se tomó libre. A la ocasión la pintan calva.

- No pierda tiempo cuando el CEO o cualquier mandamás le pide algo. Lo hace lo más rápido que pueda. La velocidad es una virtud del halcón maquiavélico.

- No pierda el tiempo respondiendo a un pedido de un subordinado. Que espere, para eso usted es el jefe.

- Cuando se escape, tomándose un día libre, hágalo por sorpresa.

- Trabajar de modo más eficaz no significa sumar más horas al trabajo. No se comporte como un adicto al trabajo.

- No pierda el tiempo ocupándose de asuntos menores. Delegue en otros todas las tareas que pueda, salvo las que usted sabe.

- Aprenda a trabajar en el lugar donde se sienta más cómodo.

- Pero, si usted todavía tiene plegadas las alas de halcón y sufre confinamiento en una oficina, mantiene cerrada la puerta y la abre a quien quiere y cuando quiere. Lo ideal es no abrirla nunca, pero en su situación intermedia no duraría en la empresa ni una semana.

- Si no soporta una conversación telefónica por improductiva y monótona y no sabe cómo terminarla, corte la comunicación abruptamente. Nadie pensará que fue usted que cortó la comunicación adrede. Todo el tiempo hay desperfectos en las líneas telefónicas y no es nada raro que se corte una conversación telefónica. ¿Nunca le sucedió?

- Otra opción a la situación anterior es guardar silencio. No hablar nada. Algún ruido de vez en cuando, pero no más. Ante tanto silencio, su interlocutor pondrá fin a su monólogo en poco tiempo.

- Para ganar dinero hace falta paciencia, y mucha. La paciencia es una planta de raíces amargas pero de frutos dulces.

- Antes de poner su lengua en movimiento, ponga su cerebro en funcionamiento.

- Si no puede ganar por las buenas, gane por las malas. Ganar es la meta final de un halcón maquiavélico.

- Cuando deba golpear a alguien, hágalo fríamente. Eso se llama "temple de ánimo". Un golpe bien dado, como lo sabe cualquier karateca, es un golpe calculado.

- Es mucho mejor que sus enemigos crean que usted vence.

- En los negocios quien roba a un ladrón tiene cien años de perdón. Un viejo refrán que sigue siendo útil.

- Pero la ocasión hace al ladrón. Ídem caso anterior.

- Una alianza, una promesa, tienen vigencia mientras se mantienen las circunstancias que las provocaron.

- Quien sirve a dos amos debe mentirle a uno. Por lo tanto, el mejor amo de un halcón maquiavélico es él mismo.

- Entonces, no se mienta.

- Si debe humillar a cierta persona, hágalo sin titubear. Pero hágalo tan ferozmente que sea imposible la venganza y aún la queja.

- Si usted cultiva la idea en sus enemigos (o amigos) que ellos son iguales a usted, pues simplemente creerán que son superiores a usted y actuarán en consecuencia.

- No se esfuerce en cambiar a sus enemigos o sus amigos. Esfuércese en controlarlos y, si es posible, comprarlos.

- En el fondo, no tiene sentido prometer nada, ni poco ni mucho. En los negocios lo único que se aprecia son los beneficios, no las promesas.

- No defienda a los débiles. Se creará un gasto superfluo.

- Sólo existe una manera de guardar un secreto: no hable.

- En el reino de los negocios, el tuerto es rey.

- Si es necesario ser bueno y complaciente, hágalo rápido y que se note.

- Si es necesario decir la verdad, ésta debe mezclarse con mentiras y tergiversaciones.

- Estudie la moral de los empleados y luego úsela para aprovecharlos mejor.

- Algunas derrotas parecen victorias y algunas victorias parecen derrotas. Eso quiere decir que nunca se está seguro ni de las victorias ni de las derrotas.

- Como dicen los estrategas chinos: el mejor general no combate y gana la guerra.

- La mejor defensa contra la traición no es otra traición, sino una más grande y más brutal.

- Jamás amenace a nadie. Directamente proceda. ¿Ha visto usted a un halcón amenazar a sus presas?

- No hay mejor fruto que el que robamos.

- Como decía el anarquista Proudhon: la propiedad es un robo.

- Sea prudente en todo. Nunca se es demasiado prudente. La imprudencia es la madre de todas las desgracias (otro refrán de total vigencia).

- Como decía Nietzsche: lo que no mata, fortalece.

- La necesidad tiene cara de hereje. Esta es una verdad aplicable a todos los órdenes de la vida, pero en los negocios es moneda corriente. La necesidad de dinero convierte a los hombres en seres abominables.

- Si lo humillan, humíllese más. Pero aquello que lo debe sostener en sus actos de humillación es el deseo de vengarse.

- Nunca denuncie los trucos y artimañas de sus enemigos. Nunca se sabe si alguna vez no tendrá que recurrir a ellos.

- En los negocios, el dinero es lo primero. La mentira, lo segundo.

- Algunos hombres no saben que tienen su precio, hasta que se les hace una oferta que no pueden rechazar.

- Algunos hombres se hacen tal idea de sí mismos que se dan un precio muy alto. Conviene pagarles, pero la exigencia debe ser sobrehumana.

- No existe ningún enemigo confiable, salvo el que ha muerto.

- Las órdenes deben darse con el arte de la avispa. O son aguijones o no son órdenes sino indicaciones. Y nadie cumple con "indicaciones".

- Permita con delicadeza y astucia que su enemigo lo ayude a derrotarlo y, en última instancia, que se derrote a sí mismo como un imbécil.

- Si no puede ganar, venda su derrota a un precio tan alto que la victoria de su enemigo se parezca a una derrota.

- La mejor defensa es mantenerse fuera del alcance de su enemigo.

- Sepa de antemano a quién le echará la culpa si fracasa. Lo mejor es un amigo.

- Los amigos se pueden comprar y con distintas monedas.

- El problema con los amigos es la franqueza. Usted sabrá quiénes son sus amigos de verdad, pero no hasta que los pruebe. Hasta ese momento, nunca puede estar seguro. Nunca.

- El verdadero halcón maquiavélico no tiene amigos sino intereses.

- Jamás les cuente a sus amigos lo bien que le está yendo. No le creerán o pensarán que es un pedante.

- No les cuente tampoco lo mal que le va. Se regocijarán y se lo contarán a sus enemigos. Y éstos ni bien se enteren de su mala suerte avanzarán sobre usted para decapitarlo de una vez.

- Y no crea tampoco, ni media palabra, en lo que digan sus amigos acerca de sus enemigos.

- Paciencia. Cuando consiga una posición mejor remunerada y con poder para triturar gente, tendrá todos los amigos que necesite.

- Pero los amigos que se consiguen después de haberse convertido en un alto ejecutivo son totalmente sospechosos. No confíe en ellos ni en sueños. Son pura basura. En ese momento de gloria, lo que usted necesitará como el aire que respira son aliados.

- No necesariamente sus aliados tienen que gustarle, ni ser siempre los mismos. Ni siquiera ser gente buena.

- Por supuesto, mantenga cerca a sus amigos pero más cerca a sus enemigos.

- El más peligroso de los enemigos es aquel incapaz de razonar, que no le teme a las represalias y le importan una mierda las personas, ya sean estas flacas o gordas, feas o lindas, buenas o malas, cercanas o lejanas. A estos monstruos hay que destruirlos rápidamente y sin piedad.

- La verdad es que cualquier enemigo debe ser destruido una vez que ha caído o se ha entregado. Si usted no la hace, su enemigo comenzará a maquinar su venganza. De este modo, su enemigo se hará más peligroso.

- Tema a sus enemigos, pero más a los que no lo parecen y lo son.

- Algo bueno acerca de un enemigo confeso: sabe quién es. La importancia de una actitud así es colosal. Más que un enemigo es un amigo.

- Un halcón maquiavélico sin enemigos es una quimera. Tener enemigos es una muestra de fortaleza y ambición.

- Siempre piense lo peor de sus enemigos; nunca se equivocará.

- Nunca se es lo suficientemente desconfiado.

- No pierda el tiempo. La vida es breve.

- Quiera todo, rápido y bien servido.

- No se defraude a sí mismo. Nadie se conoce mejor que usted mismo. Si usted sabe lo quiere y lo que le gusta (es decir: dinero), ¿por qué se defraudaría a sí mismo? Piense: no hay ninguna razón.

- Claro que sí: a usted, si no cumple con mis sabias verdades maquiavélicas se la pueden dar, pero –recuérdelo, para cuando llegue el momento– la venganza es un plato que se come frío (otro excelente refrán y van...).

Capítulo 5

Acerca de cómo conducirse con sus subordinados, secretarias, contadores, ejecutivos, halcones maquiavélicos y otros seres corporativos

Se lo voy a decir de una vez y sin anestesia. Prepárese porque le dolerá sin remedio. La regla de oro respecto de sus ejecutivos es la lealtad, la máxima cualidad. La de ellos, claro está. Todo el resto no sirve. Se lo digo así, rudamente, para que lo entienda. Lo que no significa que usted confíe ciegamente en sus ejecutivos. Un halcón maquiavélico de verdad en la única persona que confía por entero es él mismo, y no siempre, pero casi siempre. Lo más difícil de todo consiste en desconfiar de la propia sombra.

En cuanto a los ejecutivos, que son sujetos peligrosos por regla general, usted confíe (y muy relativamente) mientras le hagan ganar mucho dinero. Mucho, no poco o más o menos. La máxima virtud de los ejecutivos, como decía, es la lealtad irrestricta hacia su persona. Después de la lealtad vienen la habilidad, la competencia y la obsecuencia en distintos grados.

Pero no se confunda. Ascienda sólo a personas capaces, notables, sobresalientes, excepcionales. Si es posible, genios. El genio le dará lustre y prestigio, y provocará la envidia de sus enemigos. De alguna manera, tener un genio entre sus ejecutivos es un lujo que se dan pocos halcones maquiavélicos. Hay que ser muy ducho para manejarlos y poseer un corazón noble y abierto a las audacias del genio.

¿Cómo decide el ascenso de uno de sus ejecutivos? No hay mucho secreto. No es una gran ciencia. Descubrirá a la gente capaz probándola. O, como decía un extraordinario CEO inamovible de su dorado sillón de rey y señor que conocí bastante en mi época, y que todavía hoy sigue atornillado a su dorado sillón: "en la cancha se ven los pingos". Son sabias palabras. Porque usted, aún con un genio, puede equivocarse y dejarse llevar por el brillo. En cambio, en el frente de batalla no se puede simular. O se sabe o no se sabe. O se es valiente o un vil cobarde.

Después de que usted escoge unos pocos notables por su capacidad, después de sobarles un poco el lomo, les asigna tareas de dificultad creciente, pero tareas que usted piense que los candidatos a escalar posiciones puedan cumplir con éxito, aunque no sin esfuerzo y algunas lágrimas de impotencia. Luego alabe los logros de los que sobrevivieron, es importante. No sea mezquino. Hecho esto, les encarga tareas más duras aún y, a los que lo soportan y alcanzan los objetivos con eficacia, los premia con mayores recompensas que las anteriores. A continuación, les da tareas todavía más duras. Inhumanas, para que me entienda.

Observe y controle a sus ejecutivos. No los critique más allá de lo necesario, aunque lo necesario puede ser muy elástico. Si lo tiene que criticar, sea feroz, pero hágalo pocas veces en público. Y siempre haga preceder la crítica de algunas palabras elogiosas. Sólo algunas. No exagere. No es necesario. Si da poco, valorizarán lo que da. Si da mucho, le pedirán más.

No sé cómo ni me importa, pero usted debe conseguir que las tareas que les asigne a sus ejecutivos sean importantes para ellos. Más que importantes: cruciales. Mienta, si es necesario. Sus ejecutivos tienen que desvivirse por hacer los trabajos que usted les dé. Tienen que desearlos con toda la fuerza de su ser y sentirse orgullosos de ellos mismos cuando los cumplen satisfactoriamente. En otras palabras, usted debe proceder de tal modo que sus ejecutivos encuentren (o lo simulen) el sentido de sus vidas en las tareas que hagan para que usted se enriquezca.

Por consiguiente, usted debe halagarlos cuando la alabanza es debida e incluso cuando no lo es, y ellos trabajarán para que usted logre el éxito y se forre los bolsillos de dinero. Me imagino que a esta altura del libro ha descubierto que en los negocios sólo existe una meta. La única meta posible: ganar dinero. Para esto no hay límite ni nada parecido. Ese fin –ganar mucho dinero– justifica todos los medios. Los peores y más execrables medios.

Si tiene que ser adulador, hágalo con elegancia y mesura, pero que se note que está adulando. Realce a sus ejecutivos como joyas de valor incalculable delante de otras personas, en especial si son ejecutivos de otras corporaciones o lo han sido. Esto los dejará satisfechos y pensarán que gozan del mayor de sus favores. Permita que piensen ese disparate, porque usted y yo sabemos qué es verdaderamente lo que estimula su espíritu de combate. Por eso mismo, sea impaciente con ellos. Sométalos a la presión de su impaciencia, haga que sientan que su impaciencia crece, aumenta, que se acerca peligrosamente a explotar en cualquier momento.

Imparta a sus ejecutivos directivas específicas y concretas, y deje en claro que la recompensa será en función del éxito y que usted decidirá que han alcanzado el éxito y no ellos. Por ningún motivo, nunca, les revele el plan completo de ningún emprendimiento. Como ninguno de sus ejecutivos lo sabrá todo, serán en extremo dependientes de usted. Conviértase en un padre para sus ejecutivos que, de a poco, los orientará en las verdades de la vida. Pero, como un buen padre sabe, hay verdades que nunca deben decirse porque son demasiado desagradables.

El tema de la conducta que un halcón maquiavélico debe seguir respecto de su secretaria o sus secretarias es motivo de controversia. He conocido CEO que contrataban secretarias entradas en años y en carnes para no tentarse. También he conocido otros que no toleraban ni un segundo una secretaria que no fuera tan sexy que no soñara con tenerla de amante. Lo peor es que hay CEO que se casan con su secretaria. Como sea, yo no se lo recomendaría.

Su secretaria debe ser un guardaespaldas y no a la inversa. Su secretaria tiene que vigilar con celo todos sus intereses y hacerlo con diplomacia, severidad y simpatía. Su secretaria debe ser una criatura maleable, dócil y servicial, totalmente adicta a usted, a su generosidad y benevolencia para su bienestar psicológico y financiero. Se lo voy a decir en pocas palabras: su secretaria debe ser más confiable que su esposa y, más aún, que su amante.

Está bien, yo sé lo que lo desvela. Si es bonita, mejor. Se lo concedo, pero cuídese de ir demasiado lejos con su secretaria predilecta. No más que un amor platónico y discreto. Ella sabrá sobre sus negocios todo lo que usted sepa (exceptuando obviamente lo que usted decida no confiarle por completo y es mejor que así sea) y conocerá muchos aspectos de los negocios mejor que usted porque usted, no sé si se dio cuenta, está para hacer grandes negocios y no para perder el tiempo con detalles burocráticos y otras tonterías fastidiosas.

Acostumbre a su secretaria a que usted, a la hora que sea, llueva o caiga granizo, esté enferma o moribunda, puede pedirle lo que sea para solucionar cualquier problema. Si usted es un buen jefe, cariñoso y generoso cuando llega el momento, ella lo obedecerá radiante de emoción y orgullo. Pero jamás le pida que haga el café. Pídalo afuera e invítela con uno mientras usted se dedica a hacer llamadas telefónicas irrelevantes. Entienda, se trata de que ella pase un momento con usted compartiendo algo, no que el momento lo pase usted con ella.

Cualquier secretaria bien entrenada y domesticada por usted, bonita o no, joven o vieja, gorda o flaca, es un eslabón de suma importancia en el éxito de sus negocios y, si no hace lo que yo le digo y pretende saber más que yo, que sé acerca de qué estoy escribiendo, ella puede destruirlo más eficazmente que cualquier competidor, contador o abogado. Si su secretaria alguna vez quiere vengarse de usted, lo hará de tal modo que de usted no quedará ni el recuerdo. Una mujer despechada es peor que un demonio, no lo olvide.

No le cuesta nada (en realidad, muy poco) mantener contenta y satisfecha a su secretaria. Su enemistad o, peor aún, su odio es algo que usted debe evitar a toda costa. Además de darle un buen sueldo y de sonreírle de vez en cuando, recuerde la fecha de sus cumpleaños y, si le da la cara, en algún cumpleaños la felicita y le hace un pequeño obsequio. No muy caro y muy pequeño, pero oportuno y delicado. Lo que importa es el gesto y así ella lo entenderá, sabiendo cómo es usted.

Involucrarse con ella como amante está, desde luego, completamente prohibido. Leyó bien: com-ple-ta-men-te. Es una regla dura, sin duda, pero un halcón maquiavélico es un tipo tan duro como los más duros. Ahora, si antes de leer este libro usted ya tiene a su secretaria de amante, lo único razonable que le puedo decir es que la eche. No hay otra solución llegado a ese extremo de su estupidez. Si no puede hacerlo por razones sentimentales, contrate un matón. Si no puede hacerlo porque es débil y sentimental, cuénteselo a su esposa. Ella sabrá proceder, pero no es una buena solución. Nunca se soluciona un problema insolucionable con otro problema insolucionable.

En esencia, sólo un sujeto de su organización empresarial tiene que ser completamente decente y veraz, de buen corazón y con una moral a prueba de balas, completamente transparente e incorruptible: quien usted ha puesto como responsable de llevar los libros de la empresa y los suyos personales. Páguele a este individuo un excelente sueldo, desorbitante para lo que usted acostumbra a pagar y auménteselo (poco) con frecuencia. Invítelo a cenar de vez en cuando a restaurantes caros y muéstrese como un amigo al que puede recurrir en las malas y en las buenas. Sólo un requisito más: su contador debe ser casado (una vez sola) legalmente y con varios hijos que mantener. ¿Qué hay mejor que un honrado padre de familia para llevar sus libros?

Usted debe, por supuesto, recompensar dinerariamente a los empleados flexibles, obsecuentes, serviles, trabajadores y leales. En casos especiales a un trabajador sobresaliente y sometido a su voluntad y caprichos puede darle un aumento un poco por encima del máximo oficial, pero bajo absoluta reserva del beneficiado por su generosidad y reconocimiento. Hágale entender que está haciendo una excepción en consideración de él, pero que espera todavía más de su capacidad. Dígaselo gritando.

No vale la pena gastarse con los empleados inconformistas y malagradecidos. Algunos nunca estarán satisfechos, cualquiera sea la suma de dinero que ganen, salvo que usted les pague por no trabajar. A este tipo de especie animal usted jamás le aumentará el sueldo, y, si es posible, se lo rebajará. Vigile que cumpla con su trabajo y olvídese de él. Usted está para ganar dinero (¿ya se olvidó?) y no para distraerse con mediocres que sólo trabajan por un sueldo mejor. ¿Dónde quedarían los valores de la cultura de su empresa?

Todos los hombres creen que trabajan de acuerdo a sus propios intereses, pero pocos saben con certeza cuáles son sus intereses. Muchos hombres confunden ambiciones con intereses, o más todavía, sueños fantásticos con intereses concretos. Muchos confunden creencias con intereses. Muchos viven porque el aire es gratis, pero en realidad no saben qué diablos hacer con su propia vida. Su misión consiste en lograr, por medio del sentido común o de ardides y mentiras, que ellos identifiquen lo que creen que son sus intereses con los de usted, que tiene uno solo.

¿Cómo usted consigue que una masa indiferenciada de obnubilados y fatigados por la jornada laboral identifique sus intereses con los suyos? Simple como una operación matemática, como una necesidad fisiológica, como adiestrar a un can: los castiga cuando fracasan y los premia cuando tienen éxito. En psicología este método se conoce como conductista o pavloviano. De ese modo, poco refinado pero en extremo eficaz, usted les demostrará que sus intereses coinciden exactamente con los suyos.

No obstante, al elogiar sus logros debe ser justo y magnánimo. En estas circunstancias es cuando se manifiesta la nobleza de un halcón maquiavélico. Si fracasan en una tarea que usted les haya asignado, tal vez se deba a que la situación era incontrolable, o quizá usted (pensando, por ejemplo, en el color de ojos de su bonita secretaria) se equivocó en el análisis del teatro de operaciones. Sea justo, por lo menos sólo esa vez, y recibirá la admiración emocionada de su empleado.

También puede suceder que decida echar a un empleado porque no es la persona apropiada para el puesto. En ese caso, respire hondo, examine los puntos a favor del desgraciado y proceda despacio, sin apresurarse. Una vez tomada la decisión (la decisión es fundamental, se lo recuerdo) procede con la frialdad máxima y lo despide. El despido es un arte reservado para pocos iluminados. En un capítulo anterior traté el tema para que usted aprenda a despedir a un empleado y a dormir como un santo por la noche. Así que no insistiré aquí acerca de cómo despedir gente y sentirse feliz de la vida.

Una última indicación importante (por ahora) sobre los subordinados: cualquiera en su organización (hasta el más infeliz) tiene siempre la razón si lo enfrenta alguien de afuera. Aun si su pichón está equivocado, tiene razón. Eso se conversará entre usted y él más adelante y asegúrese de que se lo agradezca. Esto no es más que respetar una regla tácita:

usted, como jefe, siempre tiene razón para los que respiran en su organización.

Otra cosa que me olvidaba: existe una categoría de personas que debe distinguir muy claramente desde el principio: los que hablan mucho y muy habilidosamente, pero saben poco. Son charlatanes. A usted no le interesa que sus trabajadores hablen como un orador. Sólo le interesa que, por medio de su trabajo o de su talento, le hagan ganar dinero, hable como un doctor de la Sorbona o como un analfabeto. Es lo mismo si cumple con su función: que usted se llene de dinero.

Otra cosa más: el quid de la cuestión es que usted no debe emplear a nadie con quien crea que será difícil llevarse bien o más o menos bien. Para cualquier cosa en la vida hay que ser arbitrario. Por ejemplo, no emplee a nadie que se viste de un modo que a usted no le gusta o que tenga aliento fétido. Quizás a usted no le gustan los gordos, entonces no emplea a nadie gordo. Quizás a usted no le gustan los negros, entonces no emplea a ningún negro. No es discriminación, es tener gusto. ¿O usted cree que a los negros le gustan los blancos, esos negreros?

Ahora, ha llegado el momento de sintetizar (como gustan decir los marxistas) un poco. Recuerde estas tres máximas:

1. Nadie contrata a nadie para nada salvo para hacer dinero para uno (o sea, usted) a partir de lo que puede hacer la persona empleada.

2. Siempre hay por lo menos veinte personas rondando afuera, ávidos de que los empleen, que pueden hacer exactamente lo mismo igual de bien y más barato. Usted elige.

3. ¿Tiene empleados que se ponen locos, de malhumor, que postergan indefinidamente las tareas, perezosos y desprolijos, que parecen afectuosos pero son fríos reptiles? Échelos. Echar a sujetos así es lo más fácil que hay.

Básicamente, son cuatro los tipos de seres humanos que pueblan toda empresa. Muy pocas veces encontrará a una persona que sea un representante puro de cualquiera de los cuatro, pero son éstos:

1. Los ineptos.

2. Las palomas.

3. Los trepadores.

4. Los halcones.

El porcentaje de ineptos rara vez, aunque se multiplican rápido, supera el 50% de cualquier organización y suelen ser del 25 % al 30 %, pero cuide que no empiecen a reproducirse porque lo hacen exponencialmente y en breve tiempo. Es una de las pestes que azotan la empresa moderna y que acabará con ellas si no se toman medidas sanitarias. En la actualidad escasean mucho los halcones. Si usted les da instrucciones simples y claras, los ineptos cumplirán con la rutina diaria bastante bien; por lo general, se conformarán con aumentos simbólicos (el incremento del costo de vida aproximadamente) y se contarán entre los más fieles de sus empleados. Para algunas cosas sirven, lo que es una suerte ya que toda organización en estos tiempos debe emplear a muchos de ellos a falta de gente mejor.

Del segundo tipo junte bastantes. No son malos, pero vigilados son mejores. Es decir, hay que pincharlos constantemente para que produzcan. Ellos harán la mayor parte de los trabajos tontos y rutinarios (alguien tiene que hacerlos) que forman parte del nivel directivo. Muchos ejecutivos consideran a los inteligentes y vagos como gente difícil y evitan contratarlos o conservarlos. Es un error. Sólo necesitan que se los motive con mucho rigor. ¿Y quiere que le diga algo? Les gusta.

El tercer tipo se reconoce a simple vista por el hecho de que él o ella lo adularán a usted en forma constante. Hasta cierto punto, este individuo puede ser de utilidad, ya que trabaja dura y servilmente para conseguir su favor (de este modo, se convierten en eficientes alcahuetes). El punto en el que dejan de ser útiles llega cuando su egocentrismo los lleva a mostrarse como expertos y a aceptar tareas que los superan holgadamente. Es el momento de castigarlos sin piedad alguna.

Los trepadores carecen de nervios de acero y son frecuentemente tan inseguros que no logran adaptarse a ejecutivos fuertes y voraces, y su vanidad insufrible, con frecuencia oculta, tampoco les hace ganar el amor (o el miedo) de quienes trabajan bajo su mando. Quieren controlar, gobernar, mandar, organizar, planificar, pero no tienen con qué. Además, no se sabe bien (ni ellos ni usted) para qué quieren trepar. En el caso de que logren apoderarse de un segmento de poder, en poco tiempo el histerismo que los mueve entraría en una fase de nerviosismo exasperado ante las exigencias de un puesto de mando y provocarían tantos desastres que usted no tendrá más remedio que despedirlos.

Finalmente, pese a la adulación, los trepadores carecen de lealtad duradera a una persona como usted. En rigor, esto no es algo de lo que usted debiera preocuparse, ya que toda persona ambiciosa es profundamente desleal y traidora. Todo trepador vive para desplazar al que se encuentra por encima de él. Usted mismo lo ha hecho, sabe de qué se trata. De manera que, si observa que uno de esos trepadores se cree mejor que usted, lo echa al instante.

Cuarto y último tipo: el halcón. Este tipo es el individuo al que le dará las tareas más difíciles y al que recompensará y ascenderá cuando las cumpla. El halcón puede ser hosco o calmo, excéntrico o común, susceptible o de trato fácil, melancólico o gracioso, alcohólico o abstemio, mujeriego o misógino, extrovertido o introvertido, reflexivo o impulsivo. No importa lo que el halcón sea, pero tiene éxito en sus tareas y genera dimensiones colosales de dinero para la organización en su conjunto. Recuérdelo: es el corazón de su empresa. En relación con el halcón, el resto son extras.

Hay una cantidad impresionante de libros sobre liderazgo, *management*, psicolingüística que se precian de conocer diferentes estilos de mando y de conducción de los subordinados. Algunos de esos sabiondos dicen que se ejerce el mando con el ejemplo, estimulando la participación, haciendo amigos, premiando logros o simplemente dando órdenes. Pero este último es, no lo dude, el más rotundo y eficaz porque una orden es un dardo que se clava en la carne del subordinado. Como desde que somos niños sabemos lo que es una orden, y no hay niño en el mundo que no sufra ese calvario de recibir órdenes y cumplirlas, lo más simple que existe es dar órdenes para que se cumplan.

En el mando la prueba de fuego no consiste en ganar confianza y credibilidad de los subordinados, ni tampoco en hacer que lo quieran porque usted es una buena persona. Todo eso es moralina y de baja calidad. Usted no tiene ningún motivo valedero para ser una buena persona, salvo como una táctica (entre otras) para ganar dinero. Lo que prueba que su estilo de mando es eficaz, son los resultados. Esa es la única verdad. Por ello le recomiendo:

- Antes de encargar una tarea, sepa en qué consiste la misma y quiénes la llevarán a cabo. Después da las recomendaciones y directivas del caso en términos específicos y con objetivos claros y definidos. No deje nada librado al azar.

- Hay algo que distingue a quien sabe dar órdenes de quien no sabe: el que sabe da la menor cantidad posible de órdenes. Idealmente para liderar una empresa basta con unas cuantas órdenes bien dadas. Y mejor que las cumplan.

- Determine exactamente y sin vaguedades qué es lo que quiere que se cumpla, sea imposible o no. Responda las preguntas que le hagan sus muchachos hasta que quede totalmente en claro qué quiere usted que hagan.

- Determine exactamente los plazos de tiempo en que sus muchachos deben cumplir con la orden. No admita ninguna protesta y nunca se disculpe por sus exabruptos, gritos y caprichos.

- Siempre que pueda, grite. A veces con motivos y otras sin ellos. Tómelo como un desahogo de tanta tensión. Sobre su espalda se acumulan demasiadas responsabilidades y tareas titánicas y es bueno que grite. Empiece poco a poco, practicando con los más sumisos y angélicos. Después grítele un poco a su secretaria, pero no mucho. Después comience a gritar por el celular como un desaforado. Se irá acostumbrando a gritar, a oírse gritando. Créame, un buen grito dado a tiempo arregla muchos problemas corporativos. Por otro lado, si sus ejecutivos estrellas no soportan sus gritos y se les deforma la cara de indignación y humillación, todavía les falta comer mucha espinaca para alcanzar lo que usted quiere de ellos.

- No genere demasiada intimidad con sus muchachos. Una empresa no es una familia y eso debería ponerlo contento. Al principio un trato familiar con sus subordinados fortalecerá los lazos afectivos, pero al final, como sucede en las mejores familias, imperará el odio y el resentimiento. A la familia uno no la elige, en cambio, a sus ejecutivos y demás guerreros, sí.

- No acepte críticas por parte de sus ejecutivos, sino observaciones. Ante una crítica usted no reacciona, se queda impávido. Pero después toma represalia como mejor le plazca. A nadie le gusta que lo critiquen y menos a usted.

- De ninguna manera acepte confidencias sobre un ejecutivo que vengan de un subordinado de él y menos (prohibidísimo) si vienen de una mujer. Usted me entiende. Cuando una mujer abraza el arte maquiavélico de los negocios, es mil veces más maléfica y perversa que el halcón maquiavélico más pérfido y cruel. Además, por naturaleza, tienen una extraordinaria capacidad para soportar el dolor y el maltrato. También son eximias simuladoras y mentirosas, ya que sobrevivir en una cultura patriarcal es muy difícil sin recurrir a todo tipo de trucos y trampas. Las mujeres, por regla general, son expertas en instrumentalizar su propio encanto sexual. Pueden usarlo para obtener amor, pero también dinero.

- Cuando son subordinadas, a la mayoría de las mujeres les gusta que las traten en forma más ruda que a los varones subordinados. La mayoría interpreta la amabilidad masculina (la suya, por ejemplo) como una debilidad femenina. Ellas prefieren un hombre con las botas bien puestas que les diga qué hacer tajantemente. Respetan la virilidad, pero no el autoritarismo.

- Usted debe estar preparado para esperar la traición de parte de cualquiera de su equipo, y especialmente de aquellos en quienes usted más confía. Le partirán el corazón, pero a uno sólo lo traicionan quienes tienen nuestro afecto y estima.

- Regla de oro: toda traición debe ser pagada públicamente y de modo rápido y sanguinario.

- Si por alguna razón (moral o inmoral) usted deja una traición sin castigo, como líder usted murió sin pena ni gloria. En el fondo, si usted evita el castigo, pensarán que se merecía la traición. Por lo tanto, a partir de ese momento, cualquiera puede traicionarlo con entera libertad. Más todavía: es una invitación a traicionarlo.

- Si se entera de que uno de sus ejecutivos predilectos está con problemas existenciales (infidelidad, adicciones, trastorno de la mujer o los hijos adolescentes, ambigüedad sexual), evite hablar del tema y aumente la vigilancia sobre sus tareas. Si nota que el tipo ha bajado considerablemente su rendimiento, lo echa.

- Aprenda a hablar mesuradamente, tomándose el tiempo necesario para explicarse. De ese modo obliga a sus ejecutivos, que siempre están apurados y aturdidos con mil problemas y problemitas, a escucharlo.

- Pero también recuerde esto: cuanto más se habla, menos escuchan los demás. Esta es una razón poderosa para gritar, pero también para hacerlo furiosamente. En general, en las organizaciones nadie escucha nada y menos a los verborrágicos.

- Haga lo humanamente posible para agradarle a la mayoría de quienes trabajan para usted, pero cuando sea necesario ser brutal, usted lo hace con absoluta severidad y crueldad. Recuerde: nadie es perfecto a excepción de usted.

- Trate, dentro de las reglas del juego (que usted puede cambiar a gusto), de ser honesto con sus ejecutivos y empleados, aunque sea sólo un poco. Si no puede decirles la verdad, no diga nada. Cierre esa preciosa boquita herméticamente. Si no tiene palabra nadie puede reprocharle que es un hombre sin ella.

- Esfuércese como una bestia para ser coherente, excepto cuando usa la incoherencia como una argucia para engañar y confundir a sus trabajadores por cualquier motivo digno. Y el único motivo digno que usted conoce es ganar más y más dinero, hasta la satisfacción final.

- Por lo tanto, no crea en los elogios de ninguno de los seres humanos que usted emplea… y maltrata.

- Pero nada se puede hacer con seriedad en el mundo de los negocios sin información, y de la buena. La información para usted es como el aire que respira, pero tanto en lo que quiere saber como en lo que no quiere saber para nada.

- Cuando las cosas se ponen difíciles con sus subordinados, a veces lo mejor es retirarse. Haga como aconseja un proverbio chino: deje que las cosas se arreglen solas. Si no se arreglan, usted ya sabe lo que tiene que hacer.

- En cierto sentido (y sólo en cierto sentido y no en todo), sus asalariados tienen que competir entre sí para sobresalir ante usted y así convertirse en los preferidos de sus recursos humanos. Pero esto no significa que los enfrente entre sí. Significa que deben competir para producir más y mejores éxitos, más y mejores ganancias para usted, y no matarse entre ellos.

- Según este principio maquiavélico, si usted tiene un grupo que trabaja muy competitivamente y con alta performance, no los separe nunca. Por separado esos trabajadores no rendirán tanto.

- De lo contrario, haga rotar permanentemente a su personal de una tarea a otra, de un rol a otro. Es el modelo de la famosa empresa posfordista y postaylorista, como dicen algunos expertos, y funciona si sus empleados flexibilizados no creen que por sus diversas habilidades deben ganar más. De hecho, usted los puede intercambiar como le venga en gana porque son como piezas intercambiables de su maquinaria.

- Ya se lo dije antes, pero se lo voy a repetir: cuando pueda no imparta órdenes. Deje que sus subordinados, acostumbrados a recibir órdenes a lo largo de su vida, se den órdenes solos.

- Cuando asigne a un subordinado una tarea, un rol, un objetivo, se lo asigna solamente a él. No haga, como recomiendan algunas consultoras de *management*, que dos de sus muchachos se peleen por una misma cosa. Es una cuestión de economía de medios, o como le dicen de *input/output*.

- Siempre, pero siempre, sin excepción alguna, juzgue según los éxitos. Es decir, si ganó o perdió dinero. Es una vara que nunca falla.

- Si tiene que bajar costos, para ahorrar o porque no van bien los negocios, comience dando el ejemplo. Al menos, mientras lo ven.

- No promueva el trabajo extra. ¿Para qué pagar de más? Simplemente haga que sus trabajadores trabajen las horas convenidas, pero que trabajen y no pierden el tiempo hablando por teléfono o tomando café.

- Como decía un CEO amigo mío que voló muy alto: toda regla no es más que un límite cualquiera que tarde o temprano será trasgredido por alguien. Sin embargo, en un caso especial los que rompen las reglas son los mejores. Esos son los halcones.

- Otra regla de oro: jamás forme su opinión sobre los demás a partir de lo que otros le digan. Un enemigo de sus amigos puede ser un amigo suyo.

- Como decía Jean-Jacques Rousseau, todos los hombres son naturalmente buenos, pero si no se les pide ayuda ni dinero.

- Ante una situación adversa haga como que las circunstancia fueran peores que lo que realmente son. Nunca se sabe cuando todo empeorará. Esta es una variación de la Ley de Murphy, pero conviene memorizarla a juzgar por el estado actual del mundo.

- En tanto nunca ninguna solución satisface a todos, al único que tiene que satisfacer la solución es a usted mismo.

- Hay dos cosas fundamentales en el trato de sus subordinados: el sentido de la oportunidad y la manipulación de los sentimientos, las ideas, las creencias, las situaciones. O sea, nada es posible en el arte maquiavélico de los negocios sin manipulación.

- Como lo predican los antiguos estrategas chinos, la dictadura es la única forma gobierno absolutamente eficaz porque hace de su organización una pirámide, con usted en la cúspide.

- Supongamos que usted se halla en la cumbre de la organización y ha logrado el control total y el dominio total. Lo felicito, pero ahora viene la parte más difícil: mantenerse en el poder.

- Su divisa debe ser una y sólo una. Como la vida y el universo no tienen ningún sentido en general, ganar dinero no es lo mejor sino lo único que le da sentido a lo que no lo tiene.

Y para lograr eso usted debe asumir el mando. Considere entonces a sus subordinados como una masa que necesita de un líder espiritual para darle sentido a su vida.

En consecuencia, para señalar inequívocamente el horizonte de su liderazgo existencial, aprenda a:

- **Ser respetado.** Si con todo lo que usted hace por ellos, no lo respetan, no sólo son desagradecidos sino malas personas. Tome medidas al respecto, hasta que cuando lo vean acercarse hacia ellos retrocedan. Si sus subordinados no respetan a un ganador, usted, viven en otro mundo. Haga pagar muy caro, pero muy caro, una falta de respeto, aunque sea mínima o sugerida.

- **Ser libre.** Haga y diga lo que se le venga en gana. Sea espontáneo, informal. Opine acerca de lo que le plazca. Demuéstreles que usted está más allá del bien y del mal.

- **Ser genial.** Cultive el culto de su personalidad, aunque no sea del todo agradable. Usted es un genio de los negocios, ¿por qué no habrían de adorarlo por su personalidad de la que viven y algunos muy bien?

- **Ser sibarita.** Disfrute de la vida. No oculte que gusta de los placeres de la vida. De vez en cuando, obsequie con un cigarro de esos que fuma a alguien, a cualquiera. Deje que crezca un poco su vientre, sólo un poco. Vista sobriamente, pero con una elegancia abrumadora.

- **Ser narcisista.** Autoelógiese y hable de usted con satisfacción. Antes que lo adulen, adúlese usted mismo. Nadie podría hacerlo mejor que usted. Siéntase perfecto.

- **Ser usted.** Sea usted, el que es. Ese halcón maquiavélico en la cúspide de su poder. Como es simplemente usted. Lo admirarán.

Capítulo 6

Acerca de cómo conducirse en el éxito, en las negociaciones, y algunos consejos finales para salvar el pellejo

Según el maestro Sigmund Freud, hay un tipo especial de neuróticos: los que cuando triunfan, fracasan. No es que fracasan psicológicamente, sino que lo hacen en los hechos. Ante el éxito les da un vértigo insoportable y, si no abandonan la batalla, cometen tantos errores que al final tienen que empezar de nuevo. Nadie sabe si es un neurótico de esta naturaleza hasta cuando no ha alcanzado el éxito que uno se proponía. Algunos demoran en darse cuenta debido a la dimensión sobrehumana del éxito que ambicionan, pero mientras más se gana más de pierde. No es para desoír esta enseñanza de Freud. Proviene de alguien que convirtió a la humanidad completa en cliente suyo, pues para él todos somos neuróticos, y si no ganó más dinero y prestigio del que ganó fue porque se dejó embaucar por los cantos de sirena de la ciencia.

Todo lo que a usted debe importarle es hacer dinero. Hacerlo de cualquier manera en que sea posible hacerlo, sin importar el cómo ni el qué. El fin justifica los medios. Es decir, los medios pueden ser legales o ilegales, directos o indirectos, refinados o rudos, violentos o agraciados, simples o complicados, nobles o innobles, morales o inmorales, sórdidos o luminosos, clandestinos o expuestos; en tanto y en cuanto usted alcance el fin supremo, único: ganar dinero. Es imposible que se confunda.

En el mundo de los negocios nadie considera inmoral el engaño a los clientes. Vender lo que sea es una forma de engañar. No lo olvide.

El objetivo mayor de una empresa no es beneficiar a la sociedad o crecer ilimitadamente sino destruir a la competencia. Esto responde a una sencilla razón de orden práctico: si usted quiere subir el precio de su producto tiene que aniquilar a la competencia. Si esto no es posible o ha fracasado en el intento, debe alcanzar un acuerdo con la competencia para dividir el mercado en monopolios separados por zonas, regiones, barrios o lo que se le ocurra.

En cualquier organización, grande o pequeña, prestigiosa o desprestigiada, global o local, la absoluta falta de moral otorga ventajas muy importantes. Esto es, el dinero nunca va a la cárcel o sale rápido. Siempre, sépalo de antemano, es factible comprar lo que parece que no se vende. Es notable el poder del dinero.

Es cierto que se puede ser rico sin saber cómo ser poderoso, pero no existe ningún poderoso sin dinero. Los ricos de nacimiento ignoran casi todo acerca del ejercicio del poder y de ese apetito que a usted lo obsesiona: ganar dinero. No es que no sepan ganar fortunas y administrarlas, pero desconocen la mezcla de sangre caliente y fría que se necesita para ganar dinero cuando uno no lo ha tenido de nacimiento.

Si alguna vez usted se choca en competencia con una empresa liderada por un individuo nacido rico, tendrá frente a sí a un príncipe natural acostumbrado a cortar gargantas con la misma indiferencia con que unta con manteca la tostada de la mañana. Este tipo es en todo diferente de sus rivales habituales, gente vulgar que viene de abajo aplastando cabezas. La táctica a seguir con un nacido rico que compite con usted es sólo una: el franco terror.

Para abreviar un poco, le diré que usted debe dividirse para enfrentar las dos grandes luchas competitivas que todo mortal tiene que dar dentro de su organización, y más si tiene éxito en los negocios. Es decir, los dos frentes de guerra se dirigen contra la colonia de rivales y enemigos que allí crecen como virus letales, y hacia fuera de la organización, contra todos aquellos que desean que ésta desaparezca como fulminada por un rayo enviado por Dios. Estas son luchas infernales y terribles, y más de una vez usted soñará con mandarse a mudar a una isla del Caribe (o, como yo, a una apacible casa quinta), pero su espíritu de combate desgraciadamente no se lo permitirá. Si usted abandona la guerra, eso sólo significa una cosa: usted no está a la altura del éxito y, en consecuencia, no sirve para ganar dinero. Si usted es un halcón maquiavélico ávido de dinero, el premio es (¡sí, adivinó!) el dinero y no el poder, como creen algunos despistados. La victoria en estos asuntos aumenta su poder, sin duda, aunque más todavía aumenta su fortuna. Ya le dije: no existe ningún poderoso sin dinero.

La guerra en el mundo de los negocios es para ganar dinero, y para este fin todos los medios son adecuados. El gran von Clausewitz afirmaba que la guerra es un acto de fuerza para imponer nuestra voluntad al adversario y que el objetivo de toda acción militar siempre debe ser desarmar o destruir al enemigo, lo cual no admite réplica si usted está implicado en una guerra convencional. El punto es que la guerra en el mundo de los negocios no tiene nada de convencional. Todo en ella (pero todo, absolutamente todo) se encuentra al servicio de la meta suprema.

Para el genial Maquiavelo, hay dos formas de combatir: con las leyes y con la fuerza. La primera es propia del hombre, la segunda de los animales, pero como la mayoría de las veces la primera no es suficiente (en realidad, casi nunca), conviene recurrir a la segunda porque en muchas oportunidades los hombres se comportan como verdaderos animales. Además, la fuerza tiene una ventaja invalorable: si se la usa, no hacen falta los abogados.

La destrucción total de la competencia sólo es un medio para ganar dinero y, en realidad, representa un precio muy bajo para alcanzar el éxito. A lo largo de su vida usted tendrá que pagar precios mucho más caros para obtener el fruto más preciado de la vida: el dinero. La destrucción total de la competencia, por las leyes o por la fuerza, con sus secuelas de hambre y humillación para gente inocente, sólo constituye el primer escalón en su carrera. Quizá usted siente cierto escozor en pensar en estos términos y, sin embargo, de eso se trata en el dorado mundo de los negocios. No hay gente buena y amable, noble y generosa, sino monstruos que esperan que usted caiga para clavarle los colmillos.

De ninguna manera, ni antes ni ahora (y menos en nuestros tiempos), existe moralidad en las cruentas luchas por apropiarse de las riquezas. Nadie, en el mundo de los negocios, conoce moralidad alguna, ni nada que se le parezca. En el mejor de los casos, la moral es una herramienta útil para ganar dinero, un recurso de marketing o un ornamento, pero nunca una necesidad.

No espere de sus enemigos competitivos ninguna moral, ni clemencia, ni caballerosidad, ni siquiera consideración. No existen los pactos de caballeros en el mundo de los negocios, sino solamente alianzas provisorias. Sus enemigos internos y externos opinan lo mismo que usted de ellos, y tienen las mismas intenciones destructivas con respecto a usted que usted respecto de ellos. Sus enemigos quizás se consideran virtuosos y buenas personas porque pretenden aniquilar a un sujeto tan desagradable como usted, pero se trata de una vana ilusión. En el mundo de los negocios no hay buenos y malos como en las películas de bajo presupuesto. En el mundo de los negocios hay gente mala, y a veces muy mala.

En la guerra en pos de una fortuna (que puede ser pequeña, grande o inmensa: es bueno saber los propios límites) los actos deben orientarse según su interés, y su cálculo estrictamente personal, para diseñar una estrategia hacia la meta tan directa y económica como sea posible. Si esa estrategia es pérfida y tan maligna que no escatima el cortar todas las cabezas posibles y exhibirlas como trofeo, tanto peor para aquellos que se oponen a usted. Como en toda guerra, hay pérdidas, usted debe determinar de antemano qué pérdidas está dispuesto a sufrir. Estas pérdidas suelen ser de varias especies: bienes materiales, psicológicos, físicos, simbólicos, horas de sueño, personas, en concreto. Salvo usted y su dinero, todo es sacrificable.

Al poner en práctica su estrategia, puede hacerlo por medio de dos tácticas que no se excluyen: por la fuerza o por medio de fraude, pero cuide de la coherencia estratégica. En tanto debe esforzarse por mantener al enemigo en constante inestabilidad y confusión. La ventaja que se obtiene con esto es la de provocar inseguridad e indecisión en el enemigo. Como usted, él sabe también que lo que cuenta es la decisión y si no la toma con claridad, se desesperará y al desconocer lo peligroso o efectivo que usted es querrá indagar. Es el momento en que usted disparará sus cañones de información falsa. Simule ser más de lo que es y tener más de lo que tiene.

No es para gente ansiosa, privada de temple de ánimo, pero lo mejor que usted puede hacer en una guerra de negocios en la que están en juego cantidades astronómicas de dinero es dejar que su enemigo trabaje para usted. Si usted logra, mediante engaños y falsa información, que él crea que lo triturará a usted como una cucaracha realizando ciertas acciones, éstas serán justamente las acciones que usted quiere que haga para encaminarse paso a paso a la trampa que usted le ha tendido para que se autodestruya. El general más hábil gana sin dar batalla, dicen los chinos. Es una táctica elegante, de "mano negra", que tiene la ventaja de no salpicarlo con la sangre de su enemigo.

Como ya le advertí antes, aunque el objetivo a lo largo de toda la guerra de negocios es aplastar por completo a la competencia, esto no siempre es posible ni recomendable: muchas veces no es ni siquiera deseable. Un enemigo arruinado por sus tretas y recursos maquiavélicos, puede reaccionar de modos espantosos: ataques cardíacos o suicidios, por ejemplo. Evite llegar tan lejos. Cuando se derrota al enemigo, no hay que ensañarse. Usted firma una paz estable con él o lo que queda de él. Es la más ingrata tarea del vencedor porque usted sabe que si continúa la guerra se adueña de todo.

Sin embargo, la paz que se firma en la victoria no debe ser tan magnánima e ingenua que no incluya cláusulas que inhiban al derrotado en el futuro para recomenzar la guerra. En cuanto el derrotado puede llegar a buscar revancha más adelante (el resentimiento es el padre de la venganza y la humillación su madre), usted debe quitarle todo poder o, ante la imposibilidad de la esclavitud total, debilitarlos tanto que nunca vuelvan a ser una amenaza para usted. La mejor manera de dominar, decía Maquiavelo, es arruinar a la gente.

Sin embargo, hay victorias tan extraordinarias y ejemplares que algunos derrotados se sentirán completamente agradecidos con usted, en especial por haber terminado con la guerra antes de destruirlos hasta los cimientos. Estos derrotados supervivientes, serán sumisos con usted hasta el servilismo más repugnante e indigno. Cuidado. Trate de no creer en esa actitud provocada por la cercanía de la muerte. Como Dios que no cree en el arrepentimiento de los pecadores en el lecho de la muerte, usted tampoco crea en el servilismo de sus derrotados. Le ofrecerán favores inesperados o más concesiones que las que usted pensaba exigir, pero no le otorgue demasiada importancia. Aprovéchese de esta debilidad antes de que cambien de opinión y luego los ultima.

De tres fenómenos muy comunes usted debe cuidarse tras ganar una guerra y ampliar su botín:

1. De la soberbia que despierta la victoria y la inclinación a sentirse invencible, invulnerable y demás.

2. Del poder adicional que habrá conseguido y las nuevas posiblidades que se le ofrecen para volver a ampliar su botín.

3. Del sin sentido de ganar tanto dinero de modo, al final, tan fácil.

Por eso, haga lo posible para no sentirse más inmoral e irresponsable por tener una cuota mayor de poder y ser tan exitoso. Este es el momento más delicado tras ganar una guerra: mantenerse frío. De ahí en más, usted tendrá que seguir parado sobre sus pies y más que nunca deberá dirigir a sus tropas.

Sin embargo, también puede suceder que usted decida –por cualquier razón que le ocurra– terminar la guerra y negociar. Es una buena estrategia, si sabe dirigir y manipular. Existen guerras en el mundo de los negocios que se emprenden para conducir a la competencia a negociar y allí sacar la mejor tajada. En realidad, si usted decide esta estrategia, no tiene que ilusionarse: es sólo una tregua. La paz siempre es momentánea en las disputas entre empresas, lo que no significa que muchas veces sea deseable o conveniente. Pero también ocurre lo contrario: que la paz se vuelva contra usted.

Pero si ha decidido negociar, durante las negociaciones, que deben prolongarse todo el tiempo necesario, sepa hasta dónde tiene chances de obtener lo que quiere y hasta dónde no. Estire las negociaciones todo lo pueda. Usted es un ganador y no tiene apuro. Más se extiende una negociación, más crecen las posibilidades de que su oponente se canse y desee conceder lo que no concedía para terminar de una vez. El tiempo está de su lado. Sea paciente. No mire a los ojos de su antagonista durante las negociaciones. Sonría de vez en cuando.

Si las negociaciones no avanzan hacia donde usted quiere, invente una excusa y fije otra reunión. Sea amistoso y atento, pero sólo cuando las cosas marchan a su favor.

Recuerde que los otros negociadores pueden saber tanto de usted como usted de ellos. Si apuntan hacia su talón de Aquiles, de inmediato cambie de tema. Los oponentes no saben a ciencia cierta si ese es su talón de Aquiles o no, pero usted que lo sabe desvíe la negociación hacia lo que más le interesa sin pérdida de tiempo y repitiendo todos los argumentos a su favor que expresó hasta ese momento. Insista en ellos una y otra vez hasta que note el desgaste y la impotencia en sus adversarios. Muéstrese completamente sordo a los argumentos de ellos.

Si jamás apuntan a su talón de Aquiles o no consiguen apretarlo donde a usted más le duele, usted toma la ofensiva buscando aquí y allá dónde su oponente flaquea. Al descubrir algo, aunque sea un detalle delatador, juegue con ese detalle y observe cómo reacciona el sujeto de marras. Nunca devele sus intenciones, e incluso tenga muchas intenciones distintas para disfrazar la auténtica.

En las negociaciones empiece bien alto con sus ambiciones y manténgase ahí, terco como una mula. Sea flexible de a ratos, pero siempre vuelva al principio. Si le ofrecen algo, descarte lo que no tiene valor y quédese con el resto. Ceda lo que no le importa, pero que luchen para conseguirlo. Sea generoso y ofrezca a su oponente muchas posibilidades de negociación para distraerlo y desgastarlo con cosas que usted jamás cederá.

La regla de oro al negociar consiste en que usted debe hacer de tal modo que parezca que le otorga al adversario al menos una posibilidad de ganar, un modo de mantener su posición dignamente, a la vez que hace lo que usted quiere que haga. Si no le da una posibilidad de salir ganando, por más reñida que sea, no obtendrá que él actúe en favor suyo sin saberlo. Todo consiste en que su oponente crea que gana, al menos en posibilidad, mientras usted se apropia de todo con guante blanco.

Nunca amenace ni insulte. Jamás haga sugerencias acerca de la personalidad de los otros negociadores. Si los amenaza los hace más fuertes, porque usted quiere dañarlos. Si los insulta también los hace más fuertes, porque comenzarán a odiarlo. Si los ofende por su personalidad, o cualquier otra cosa que afecte su individualidad, también los hace más fuertes, porque se sentirán autorizados a ofenderlo a usted. Haga concesiones, pero haga muy pocas y en su justo momento. Jamás se asuste. De nada.

En una negociación de alto vuelo participan mentirosos natos y embusteros expertos. Los maestros mentirosos, y yo he conocido muchos, parecen personas honestas y prístinas. Lo mirará a los ojos y hablará con voz clara y firme. Jamás parpadeará excesivamente, transpirará, tartamudeará o tragará saliva. Por el contrario, los mejores mentirosos mienten convencidos de que dicen la verdad. Algunos negociadores son mentirosos patológicos, y gozan inventando fábulas y mentiras. Sea prudente con los negociadores que hablan demasiado y con facilidad de palabra.

Existen dos tipos de negociadores mentirosos: el que nace con el don o el que con menos talento desarrolla una serie de técnica tras años de estudio, práctica y observación. Hay cuatro tipos de mentiras: la preparada, la espontánea, una mezcla de ambas y la inconsciente. Los grandes negociadores mentirosos son inconscientemente mentirosos y por eso logran que todo el mundo les crea. No saben que lo hacen, pero lo hacen, tanto es su talento. Son como grandes artistas que derrochan talento sin darse cuenta. Muchos negociadores mezclan, en diversos grados, verdad y mentira. La prueba del ácido acerca de si le mienten o no es: ¿quién se beneficia?

Por otra parte, nunca revele sus secretos. A nadie, no sé si ya se lo advertí. Nunca, a nadie. Le podría costar mucho dinero, muchísimo. Incluso, su empresa. El mundo de los negocios se mueve gracias a los secretos y al robo de ellos. Eso tiene un nombre: información. La información que vale es la que devela secretos. De usted. De su familia. De su estrategia. De su dinero. De sus bienes. De sus ejecutivos. Usted no puede impedir que quienes lo rodean hablen de más, pero tiene algunas maneras de ponerse a resguardo.

A saber:

• No le cuente nada a su esposa, amante o amiga. De su esposa se puede divorciar y abandonar a su amante o a su amiga. También a la inversa: su esposa, amiga o amante, pueden dejarlo. Tampoco sabe, disculpe, si su esposa tiene un amante, o su amante un amante, o su amiga otro amigo. Como sea, ellas podrían querer tomar revancha con lo que saben de usted o usarlo para provecho de ellas y su nuevo marido, amante o amigo.

• No cuente nada a sus hijos. No los meta en líos. Mientras menos sepan de sus negocios mejor.

• Cuente menos que lo que necesitan saber. O mienta un poco.

• Guarde sus documentos secretos en una caja de seguridad en un banco. Y que nadie sepa cuál es el banco.

• No ponga en juego sus secretos en sus negocios. Y si lo hace, que sea por mucho dinero. Pero ni bien arriesgue sus secretos, usted es hombre muerto si no se provee de nuevos secretos. Un secreto viejo no es un secreto.

Ya hacia el final, pues no pienso seguir escribiendo mucho más, me gustaría despedirme de usted con algunos consejos y máximas extraídas de diversas fuentes, y muchas de ellas de mi cosecha personal. Si usted quiere ganar dinero, y sólo ganar dinero, como corresponde a un halcón maquiavélico con las botas bien puestas, haga de ellas un catecismo. En el mundo de los negocios convertirse en un ser odioso pero amable, cruel pero justo, injusto pero noble, rudo pero elegante, desconfiado pero con razones, ruin pero divertido, es lo principal. Pero el maquiavelismo es un arma de doble filo, no lo olvide. Usado con moderación le hará ganar mucho dinero. Usado sin moderación, le hará ganar también toneladas de dinero, pero no lo disfrutará. ¿Y para qué quiere tanto dinero si no disfrutará de él?

Por eso, a modo de despedida le dejo algunos consejos. Le harán falta cuando usted se convierta en un halcón maquiavélico a fin de evitar que le corten la garganta. Pueden hacerlo, pero no lo agarrarán distraído.

Allí van:

- Todo asunto tiene dos puntos de vista. Y, a veces, más.

- Para terminar pronto, tómese su tiempo. "Vísteme despacio, que estoy apurado", decía Napoleón.

- Los acuerdos se hacen para ser violados. Pocos son los acuerdos que se respetan hasta el final.

- Siempre llega, pero siempre, el momento de la venganza.

- Cuando se hacen concesiones, se está perdiendo, aunque los demás crean que usted no hace concesiones. Cuando crean que usted ha hecho concesiones, pero no ha hecho ninguna, entonces habrá avanzado hacia la victoria.

- Las dificultades muestran cómo son las personas.

- Si sus planes tienen éxito, todos serán sus amigos. Si sus planes fracasan, sólo entonces descubrirá a sus verdaderos amigos.

- Siempre atienda a las pasiones y, de éstas, a la pasión por el poder y por el dinero.

- La fortuna es mujer. Sonríe y luego, si usted no le satisface, traiciona.

- La suerte está del lado del más fuerte. Es decir, más débil es usted, menos suerte tiene.

- En la paz, esté listo para la guerra. Si en la paz no se entrena para la guerra, será atacado antes de lo previsto.

- Nunca haga un enemigo que no le haga falta. Tampoco un amigo.

- No enseñe a sus guerreros todos sus ardides. En cualquier momento podría convertirse en la próxima víctima de ellos.

- Es mejor que sus enemigos sobrestimen su estupidez antes que su astucia.

- Para engañar a un enemigo simule que le admira o que le teme.

- Las victorias siempre son provisorias, pero también las derrotas, a excepción de la última.

- Las mejores teorías suelen dar la peor práctica.

- Deje hablar a su adversario. Cuando termine, déjelo seguir hablando solo.

- El silencio nunca se equivoca.

- A los hombres se los puede sobornar de muchas maneras. De hecho, todos los hombres se dejan sobornar de algún modo.

- Un enemigo es más peligroso cuando lo ha vencido. Nadie olvida una derrota y menos a quien lo venció.

- Un buen halcón maquiavélico deja que la presa venga hacia él.

- Siempre suponga que su oponente miente.

- Si no quiere despedir gente, presiónelos hasta que renuncien. Pero que esto no signifique tomarse demasiado trabajo. Lo más sano es despedirlos y olvidarse.

- Incite la rivalidad entre sus ejecutivos. Pero sea un buen árbitro.

- Si sus ejecutivos son leales tiene dos alternativas: o bien echarlos o bien comprarlos mediante aumentos de sueldo, ascensos, premios, estímulos… Si no da resultado, los echa.

- En su empresa, nada debe importar más que ganar dinero. Ni las vacaciones, ni los velorios, ni los casamientos. Sin dinero no existe nadie que pueda irse de vacaciones o casarse. Para morirse no se necesita dinero, pero sí para el sepelio.

- En el triunfo sea generoso y leal con sus muchachos. En la derrota, impiadoso y cruel. Así aprenderán.

- Pero sobre todo, siéntase bien con usted mismo.

- La vida cotidiana de un halcón maquiavélico es como su juventud: llena de peligros.

- En los negocios, y hasta en la vida normal, se trata de una sola cosa: de comer o de ser comido.

Eso es todo y creo que ha sido más que suficiente por el dinero que usted pagó por este libro. Si usted quiere o necesita más lecciones, comuníquese con el editor, deje su teléfono o mail y él me lo hará saber. Le advierto que soy caro. Ahora, en las páginas que siguen tiene alguna información extra sobre el genial Niccolò Machiavelli, le aseguro que de algo le servirá.

Adiós y buena suerte.

Obras de Nicolás Maquiavelo

Discurso sobre la corte de Pisa, 1499.

Del modo di trattare i popoli della Valdichiana ribellati, 1502.

Del modo tenuto dal duca Valentino nell' ammazzare Vitello-zzo Vitelli, Oliverotto da Fermo, etc., 1502.

Discorso sopra la provisione del danaro, 1502.

Decennale primo (crónica en versos de los acontecimientos en Florencia y en Italia en el decenio 1494 a 1504), 1506.

Retrato de la corte de Alemania, 1508-1512.

Decennale secondo (crónica sucesiva que abarca los años 1505 a 1509, inconcluso),1509.

Retrato de la corte de Francia, 1510.

Discursos sobre la primera década de Tito Livio, (escritos sobre política utilizando, principalmente, los diez primeros libros del historiador romano Tito Livio), 3 volúmenes, 1512-1517.

El Príncipe (Tratado de política), 1513.
Contenido:

- De las diferentes clases de principados que existen y de cómo se conquistan.
- De los principados hereditarios.
- De los principados mixtos.
- De los motivos por los que el reino de Darío conquistado por Alejandro no se rebeló contra los sucesores tras su muerte.
- De cómo conviene gobernar las ciudades o los principados que antes de ser conquistados se regían por sus propias leyes.
- De los principados nuevos que se conquistan con armas y virtud propia.
- De los principados nuevos que se conquistan con las tropas y con la fortuna ajenas.
- De los que llegaron al principado mediante delitos.
- Del principado civil.
- De cómo han de valorarse todas las fuerzas de los principados.
- De los principados eclesiásticos.
- De los tipos de ejércitos y de los soldados mercenarios.
- De los ejércitos auxiliares, mixtos y propios.
- De las obligaciones de un príncipe respecto de su ejército.
- De los motivos por los que los hombres y, especialmente, los príncipes son loados o censurados.
- De la generosidad y de la moderación.
- De la crueldad y de la compasión y si es mejor ser amado que temido o viceversa.
- De qué modo deben los príncipes mantener la palabra.
- De cómo hay que evitar el desprecio y el odio.
- De la utilidad o inutilidad de las fortalezas y otras muchas cosas que los principes hacen a menudo.
- De cómo un príncipe debe obrar para tener prestigio.
- De los secretarios de los príncipes.

- De cómo conviene huir de los aduladores.
- Del motivo por el que los príncipes de Italia perdieron sus estados.
- Del poder de la fortuna en las cosas humanas y de cómo enfrentarse a ella.
- Exhortación a que alguien se ponga al frente de Italia, la libere y la vengue de los bárbaros.

Andria (comedia, *La muchacha de Andros*, del dramaturgo romano Terencio, traducida al vernáculo). 1517.

La Mandrágora (comedia en prosa de cinco actos, con prólogo en verso), 1518.

Della lingua (diálogo), 1514.

Clizia (comedia en prosa, basada en *Casina* del dramaturgo romano Plauto),1525.

Belfagor arcidiavolo (fábula), 1515.

Asino d'oro (poema, fantasía inconclusa en tercia rima sobre la metamorfosis),1517.

Del Arte de la Guerra (libro en forma de diálogo), 1519-1520.

Discorso sopra il riformare lo stato di Firenze (propuesta para una nueva constitución), 1520.

Sumario de la corte de la ciudad de Lucca, 1520.

Vita di Castruccio Castracani da Lucca (biografía),1520.

Historia Florentina (de 375 a 1492), 8 libros, 1520-1525.

Exhortación a la penitencia (sermón para una cofradía),1525-1527.

Cronología

1469   En una antigua familia toscana, nace Nicolás Maquiavelo, el 3 de Mayo.
El Estado florentino es una República, donde los Médici, de hecho, ejercen la soberanía.

1469-1470 A la muerte de Pedro de Médici, le suceden sus hijos Lorenzo y Julián.

1478   En Florencia: conjuración de los Pazzi contra Lorenzo y Julián, que es muerto.

1492   Muere Lorenzo de Médici, llamado el Magnífico. Lo sucede su hijo Pedro II.

1494   Expedición de Carlos VIII a Italia. Pisa se sacude el yugo de Florencia. Los Médici son expulsados de la ciudad. Se proclama la República. Savonarola es omnipotente en Florencia.

1497   Excomunión de Savonarola.

1498   Suplicio de Savonarola.
A los 29 años, Maquiavelo ingresa en la Cancillería florentina como secretario. Además, entra al servicio de los diez magistrados encargados de la guerra y de los asuntos extranjeros.

1499   En el mes de marzo, Maquiavelo es enviado en misión ante el Señor de Piombino. Ante Catalina Sforza en el mes de julio, ante el ejército que tiene sitiada Pisa.

1500   Primera misión de Maquiavelo en Francia.

1502   Maquiavelo es enviado en misión a Arezzo. Acompaña a Urbino, para negociar con César Borgia, a monseñor Soderini, obispo de Volterra y futuro cardenal, hermano de Soderini, que pronto será gonfalonero vitalicio.
Legación de Maquiavelo ante César Borgia en Imola en el mes de octubre.
Maquiavelo presencia el asunto de Sinigaglia.

1503   Maquiavelo en Roma, después de la muerte del Papa Alejandro VI.

1504   Maquiavelo en Francia. Misión a Piombino.
Maquiavelo publica un poema de 500 versos: *La primera decenal.*

1505   Misión de Maquiavelo a Mantua. Misión ante el ejército florentino que sitia Pisa.

1506   Diversas misiones de Maquiavelo sobre el territorio de la República.
Maquiavelo ante el Papa Julio II, al que seguirá en su expedición guerrera.

1507   Misión de Maquiavelo a Piombino, a Siena, a Bolzano.

1509   Misión de Maquiavelo ante el ejército que sitia Pisa. Legación en Mantua, en Verona.

1510   Maquiavelo nuevamente en Francia

1511   Misión de Maquiavelo ante Luciano Grimaldi en Mónaco.
Cuarta misión de Maquiavelo en Francia.
Maquiavelo es comisionado para reclutar tropas en el territorio de la República.

1512   Misión de Maquiavelo en Pisa.
Regreso de los Médici a Florencia y destitución de Maquiavelo.

1513   Maquiavelo es aprisionado y es liberado después de meses.
Es exiliado de Florencia a su casa de campo en San Casciano.
Sostiene una activa correspondencia con su amigo Francisco Vettori.
Escribe *El Príncipe* y trabaja al mismo tiempo en los *Discuros sobre la primera década de Tito Livio.*

1514   Gran actividad literaria de Maquiavelo.

1516   Ofrece a Lorenzo, duque de Urbino, *El Príncipe.*

1518   Maquiavelo asiste regularmente a las reuniones literarias en los jardines de los hermanos Rucellai en Florencia. Lleva adelante su actividad literaria.

1519   Maquiavelo es encargado por el cardenal Julio de Médici, futuro Clenmente VII, de escribir la *His-*

toria de Florencia. Termina su libro *Del arte de la guerra*.

1521 Misión confiada a Maquiavelo por el gobierno de los Médici, ante los Hermanos Predicadores de Carpi.

1525 Misión de Maquiavelo en Venecia.

1526 Numerosas misiones de Maquiavelo ante el ejército de la Liga.

1527 Toma de Roma por las tropas imperiales mandadas por el condestable de Borbón.
Los Médici son echados de Florencia. Maquiavelo en misión en Civita-Vecchia ante el almirante Doria.
Regresa enfermo, a Florencia. Muere a los 58 años, el 22 de junio.
Es inhumado en Santa Croce.

1532 Publicación de *El Príncipe,* de *Discursos sobre la primera década de Tito Livio* y de la *Historia de Florencia*.

Índice